旅游统计分析教程

A Coursebook for Tourism Statistical Analysis

宋立杰⊙编著

中国社会科学出版社

图书在版编目（CIP）数据

旅游统计分析教程/宋立杰编著 . —北京：中国社会科学
出版社，2018.11（2025.1 重印）
ISBN 978 - 7 - 5203 - 3420 - 4

Ⅰ.①旅…　Ⅱ.①宋…　Ⅲ.①旅游业—统计分析—教材
Ⅳ.①F590

中国版本图书馆 CIP 数据核字(2018)第 252053 号

出　版　人	赵剑英
责任编辑	刘志兵
特约编辑	张翠萍等
责任校对	石春梅
责任印制	李寡寡

出　　　版	中国社会科学出版社
社　　　址	北京鼓楼西大街甲 158 号
邮　　　编	100720
网　　　址	http://www.csspw.cn
发　行　部	010 - 84083685
门　市　部	010 - 84029450
经　　　销	新华书店及其他书店

印　　　刷	北京明恒达印务有限公司
装　　　订	廊坊市广阳区广增装订厂
版　　　次	2018 年 11 月第 1 版
印　　　次	2025 年 1 月第 5 次印刷

开　　　本	710 × 1000　1/16
印　　　张	15
插　　　页	2
字　　　数	240 千字
定　　　价	65.00 元

凡购买中国社会科学出版社图书，如有质量问题请与本社营销中心联系调换
电话:010 - 84083683

序　言

在攻读硕士学位期间，笔者即开始从事旅游统计分析理论和方法的学习与研究，至今已有 10 余年。2008 年，笔者为聊城大学旅游管理专业的本、专科学生开设了一门学科基础课，名为"旅游统计学"，如今也已10 年。在长期的学习、科研和教学过程中，自己与旅游统计分析的感情越来越深厚，而编写一本统计分析教材的愿望亦随之越来越强烈。2015年，为了进一步加强"山东省应用型人才培养特色名校"重点专业的建设，聊城大学决定立项建设 30 部左右的应用型人才培养特色教材，笔者申报的《旅游统计分析教程》幸运地获批立项。自此开始，本书的写作便正式提上日程。

本书的写作主旨是，通过较为系统地介绍旅游统计分析的基本原理与方法，使学生掌握旅游统计分析的基本过程，并学会如何使用统计分析方法及 SPSS 统计软件，独立地进行旅游学术研究或分析旅游管理的实际问题。为此，本书在写作过程中，力求呈现以下四个特色：

第一，以旅游统计分析的全过程为写作脉络。旅游统计分析是由"数据收集、数据输入、数据整理、描述统计、推断统计"等环节构成的一个层层递进的研究过程。本书的写作既服务又服从于这个过程，各个章节的编排均以此为依据。

第二，以一个典型的旅游研究项目为主要线索。为了避免知识学习的零碎化，将"聊城市游客旅游体验满意度研究"作为研究案例，贯穿于各个重点章节，使相关的统计分析方法得以有效串联。

第三，以"精原理、细实务"为写作原则。所谓"精原理"，是指介绍统计概念与原理时，不求面面俱到，而求精益求精，只对重点与难点进行阐述。所谓"细实务"，是指各类统计分析方法的具体应用和 SPSS

统计软件的操作过程要进行细致的讲解。

　　第四，以"系统完整、重点突出、逻辑清晰、图文并茂、科学实用"为写作目标。本书充分吸收国内外同类教材的优点，在框架上力求系统完整，在内容上力求重点突出，在表达上力求逻辑清晰，在表现形式上力求图文并茂，在效果上力求科学实用。

　　本书共 12 章，分为三篇。第一篇包括第 1—3 章，主要讲述旅游统计分析的基本概念、旅游统计数据的来源以及如何利用 SPSS 进行数据的输入与整理。第二篇包括第 4—5 章，主要讲述如何使用图形、表格和数值三种描述统计方法对旅游统计数据进行分析。第三篇包括第 6—12 章，主要讲述如何运用参数估计、假设检验、相关分析和回归分析等推断统计方法进行旅游统计分析。

　　本书各篇章均配有相应的数据文件，读者可通过以下两种途径免费下载：第一，学校网站，链接地址为 http：//jpkc. lcu. edu. cn/song/lytj. rar；第二，百度网盘，链接地址为 https：//pan. baidu. com/s/1FPo4rlwlq2FyDySjYdzwNg，提取码为 7k7r。若遇到数据文件无法下载的情形，可随时与笔者联系（电子邮件地址为 songlijie198213@163. com）。

　　在本书的写作过程中，参考和引用了国内外许多优秀教材和学术文献的相关内容。在本书的出版过程中，得到了聊城大学的专项经费资助，并得到了中国社会科学出版社工作人员的大力帮助。在此一并表示诚挚的感谢！

　　因笔者才疏学浅，能力有限，疏漏、错误之处在所难免，敬请读者批评指正。

宋立杰

2018 年 6 月

目　录

第一篇　旅游统计分析基础

第二篇　旅游统计数据描述

第三篇　旅游统计数据推断

第一篇

旅游统计分析基础

第一章

第 一 章

旅游统计分析的基本概念

旅游统计分析是统计学在旅游研究中的具体应用，是研究人员利用专门的统计工具与方法，对旅游行业的相关统计数据进行收集、分析、表述和解释的系统过程。进行旅游统计分析，既可以有助于揭示旅游业的发展特点与规律，又可以有助于发现旅游业中存在的各种问题，从而可为旅游企业的经营管理、旅游主管部门的管理决策、旅游经济的宏观调控等方面提供有力的数据支持。

本章主要介绍旅游统计分析过程中的几个基本概念，它们均为统计学中的基础概念。首先系统地解释数据的概念及其分类，然后详细地阐释变量及其相关概念，最后对描述统计和推断统计进行简要介绍。

一　数据

数据（Data）是统计分析的原材料，是根据特定的研究目的而收集以供统计分析之用的事实及数字。这些事实及数字的集合，称为数据集（Data Set）。为了研究游客在聊城的旅游体验满意度，笔者曾对来聊城旅游的 258 名游客进行了一项问卷调查，所收集到的所有数据就构成了该项研究的数据集。表 1—1 显示的即是此数据集的一部分。

在数据收集过程中所依赖的单个实体，称为个体（Element）。不同的研究目的和研究对象，决定着个体的差异。在上述游客旅游体验满意度研究中，个体是每一位到聊城旅游的游客。假如从事一项关于某地区酒店业人力资源情况的研究，那么个体便是该地区的每一个具体的酒店。

表1—1 聊城市游客旅游体验满意度数据集（部分）

编号	省份	地区	性别	年龄（单位：岁）	学历	职业	月收入（单位：元）
1	山东	济宁	男	36	高中/中专	其他	3000
2	山东	济宁	男	44	初中及以下	其他	3000
3	山东	济宁	女	35	高中/中专	其他	2000
4	山东	济宁	男	32	大专	企业人员	2800
5	山东	济宁	男	41	高中/中专	企业人员	4000
6	山东	济宁	男	48	高中/中专	企业人员	3000
7	山东	济宁	男	35	高中/中专	企业人员	2000

（一）定性数据与定量数据

从表1—1可以看出，有些数据如"山东""男"是以文字形式呈现的，有些数据如36、3000是以数字形式呈现的，这表明数据是有不同类型之分的。依据数据的自身性质，可将数据划分为两类：定性数据（Qualitative Data）与定量数据（Quantitative Data）。

定性数据是用来标记个体性质或规定个体类别的数据。此类数据常以文字（或字符串）形式呈现，不可进行数学运算。例如，表1—1中的"山东"为定性数据，它标明了这位游客的地区特征。再如，"男"也为定性数据，它是这位游客的性别标识。

定量数据是用来描述个体数量特征的数据。此类数据以数字形式表现，能够进行数学运算。例如，表1—1中的36为定量数据，它说明这位游客的年龄是36岁。再如，3000也为定量数据，它说明这位游客的月收入是3000元。

定量数据在描述个体数量特征时，有两种情形需要区分。一种情形是说明个体的数量特征（如年龄、月收入、旅游天数等）是多少（如岁、元、天等）；另一种情形是表明个体有多少个。假如在上述游客旅游体验满意度研究中，我们仅关注游客的性别构成，可将258名游客按性别分成两组，其表现形式如表1—2所示。表格中的190、68的意义与年龄、月收入的意义有着根本不同，它们表达的是男性游客、女性游客分别是190名和68名。

表1—2   游客性别分组

性别	数量（名）
男	190
女	68

一般来说，我们可以通过数据的表现形式对数据的类型进行准确的判断。但是，数据的形式与性质并不是完全一一对应的。以文字形式呈现的数据一定是定性数据，然而以数字形式呈现的数据并非一定是定量数据。如果一个数字没有度量单位，不能进行数学运算，那么它仅仅是标记个体特征的字符，属于定性数据。如果一个数字有度量单位，可以进行数学运算，此时它被称为数值（Numberial Value），属于定量数据。例如，表1—1中的编号一栏，"1—7"这7个数据在形式上可以被视为数字（当然也可以被视为字符串），但在性质上却是定性数据。它们没有度量单位，不可进行数学运算，其功能是对这7名游客编号以方便识别，而不是说明游客的数量特征。

另外，将定性数据输入统计软件（如本书所讲述的SPSS）时，经常先对其进行重新编码，再进行录入。编码的过程常常会改变定性数据的表现形式，但并不会改变定性数据的性质。比如，录入游客性别数据时，可先将字符串"男""女"分别编码为数字1、2（需要注意的是，在进行编码时，1和2也可被定义为字符串），然后将其输入统计软件。这两个数字表达的不是"1个"或"2个"的意义，仍为"男"或"女"的意义。

（二）一手数据与二手数据

数据，就其本身的来源来讲，均来自观察、调查或实验。然而，从研究人员的角度来看，数据的来源有两个：自己或他人。

研究人员通过亲身观察、调查或实验等方法所获得的直接数据，称为一手数据（又称为原始数据）。如在上述旅游体验满意度研究中，笔者亲自进行问卷调查所得到的数据即为一手数据。一手数据为具体的研究专门量身定制，具有极强的相关性和时效性，但可能会花费大量的人力、物力和时间成本。

研究人员通过文献（如《中国旅游统计年鉴》）、网站（如国家旅游局官网）等间接渠道收集到的已有统计数据，称为二手数据。相较于一手数据而言，二手数据极大地解决了数据获取的成本问题，而且数据容量往往较大，可为研究提供很大便利。但是，可能会存在与研究主题相关性不足、时效性不强的问题。在具体的研究中，研究人员应从自身的研究需要和研究条件出发，合理地选择数据来源。

（三）截面数据与时间序列数据

根据数据收集时间的不同，又可将数据分为两类：在或大约在同一时间（时点或时期）截面上所收集到的关于不同个体的数据，称为截面数据（Cross-section Data），此类数据在统计分析中最为常用；在几个时间段内收集的关于同一个体的数据，称为时间序列数据（Time-series Data），此类数据反映了客观事物或现象等随时间的变化状况。上述游客旅游体验满意度调查数据为截面数据，它们描述的是在同一时间截面上关于258名游客的旅游体验满意程度。表1—3中的数据为时间序列数据，它们反映的是中国2005—2014年入境旅游人数和旅游外汇收入的发展情况。

表1—3　　　　　中国2005—2014年入境旅游统计数据

年份	入境旅游人数 （单位：万人次）	旅游外汇收入 （单位：亿美元）
2005	12029.23	292.96
2006	12494.21	339.49
2007	13187.33	419.19
2008	13002.74	408.43
2009	12647.59	396.75
2010	13376.22	458.14
2011	13542.35	484.64
2012	13240.53	500.28
2013	12907.78	516.64
2014	12894.00	569.10

二 变量

一手数据的收集过程，就是研究人员利用一定的测量工具（如问卷），对每个个体的特征进行度量的过程。就同一个特征来讲，对于不同的个体，其度量值会有所差异。这种由可变化的数据构成的、用来描述个体特征的标志称为变量（Variable）。表1—1中的编号、省份、地区、性别、年龄等8个标志均为变量。

（一）定性变量与定量变量

根据构成数据（变量值）的性质，变量可分为定性变量（Qualitative Variable）和定量变量（Quantitative Variable）。前者由定性数据构成，其主要功能是对个体进行分类；后者由定量数据构成，其主要功能是进行数学运算。表1—1中，编号、省份、地区、性别、学历、职业6个变量为定性变量，年龄、月收入为定量变量。

定量变量又可依据数据形式，进一步细分为两类：由一系列的整数构成的定量变量，称为离散型变量（Discrete Variable）；可在一定区间内任意取值的定量变量，称为连续型变量（Continuous Variable）。例如，游客人数、客房数量等变量为离散型变量，而年龄、月收入、就餐时间等变量为连续型变量。区别两类变量的一种简单方法是：从变量值中取两个相邻的整数，在其中间插入任一数值，看该数值是否有意义。如有意义，则此变量为连续型，反之则为离散型。

（二）自变量与因变量

根据变量之间的因果关系，可将其分为两类：作为原因的自变量（Independent Variable，常记为 x）和作为结果的因变量（Dependent Variable，常记为 y）。若 x 与 y 存在因果关系，则 x 值发生变化，必然引起 y 值的变化；反之，y 值的变化不会对 x 值的变化产生任何影响。例如，性别、学历、职业、年龄等变量可作为自变量，而月收入等变量可作为因变量。

(三) 变量的测量尺度

在对个体特征进行测量时，对于不同的变量，应该使用不同的测量尺度（所使用的测量工具拥有不同性质的刻度）。一般来讲，可将测量尺度分为定类、定序和定距三个层次。

定类尺度（Nominal Measure）是最低层次的测量尺度，利用此尺度测量所得到的变量值，仅可用来对个体进行分类（或分组）。如表1—4所示，对个体的性别特征进行测量时，应使用定类尺度（测量工具只有"男""女"两个刻度），变量值（或刻度）只具有分类功能，将所有个体分为男、女两组。

定序尺度（Ordinal Measure）是较高层次的测量尺度，利用此尺度测量所得到的变量值，不仅可用来对个体进行分类，而且可对个体及类别进行排序。如表1—4所示，对个体的学历特征进行测量时，应使用定序尺度（测量工具有"初中及以下""高中/中专""大专""本科""研究生"5个刻度），变量值（或刻度）将所有个体分为5组，而且各组之间在学历层次上存在着高低顺序的差异。

定距尺度（Scale Measure）是最高层次的测量尺度，利用此尺度测量所得到的变量值，不仅可用来对个体进行分类、排序，而且变量值之间能够进行相互运算。如表1—4所示，对个体的月收入进行测量时，应使用定距尺度（测量工具包含一系列的数字刻度），得到的变量值（或刻度）可依据一定的规则，将所有个体分为若干个小组，且各组之间在月收入方面存在着高低顺序的差异。更为重要的是，不同个体之间的月收入可以进行运算。例如，一名游客的月收入为3000元，另一名游客的月收入为2000元，则两名游客月收入的差距可通过两个数值相减得到，为1000元。

表1—4　　　　　　　　　　　　不同变量的测量尺度

变量	测量尺度	变量值（刻度）	变量值（刻度）功能
性别	定类尺度	男、女	分类
学历	定序尺度	初中及以下、高中/中专、大专、本科、研究生	分类、排序
月收入	定距尺度	$0—\infty$	分类、排序、运算

通常来讲，对于定性变量，测量时应选择使用定类尺度或定序尺度；对于定量变量，测量时应选择定距尺度。

三　描述统计

描述统计（Descriptive Statistics）是利用表格、图形和数值等形式对数据特征进行描述的统计方法，是基础性的统计分析方法。表1—2就利用频数分布表的形式对258名游客的性别构成进行了描述。对于性别构成的描述，还可以使用饼状图的形式，如图1—1所示。表1—3中的中国各年度入境旅游人数的变化趋势可以用折线图的形式直观呈现，如图1—2所示。

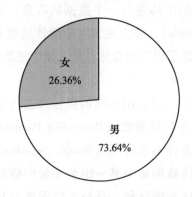

图1—1　游客性别分布饼状图

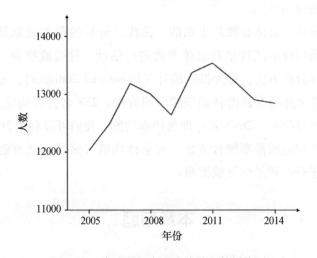

图1—2　中国各年度入境旅游人数折线图

对于定量数据，除了使用表格、图形显示之外，还可使用数值来进行描述，最常用的数值为平均数（或均值）。在上述游客旅游体验满意度研究中，将258名客的月收入相加，再除以258，就会得到人均月收入2693元。这个均值可以用来描述258名游客月收入数据的中心位置。

四 推断统计

在统计分析中，研究人员往往关注的是所有个体呈现出的整体特征。在某一特定研究中，由研究人员感兴趣的所有个体构成的集合，称为总体（Population）。然而，受时间、金钱等成本的制约，只能从总体中抽取一定数量（或单位）的个体进行一手数据的收集。由这部分个体构成的集合，称为样本（Sample）。在上述游客旅游体验满意度研究中，来聊城旅游的所有游客就构成了研究的总体，从总体中抽取的258名游客就构成了研究的样本。

总体和样本的特征，可以用不同的指标来进行描述。用来描述总体特征的数量指标，称为总体参数（Population Parameter）；用来描述样本特征的数量指标，称为样本统计量（Sample Statistics）。例如，总体均值属于总体参数，是总体数据集中某一定量变量的数据中心位置的描述指标；而样本均值属于样本统计量，是样本数据集中某一定量变量的数据中心位置的描述指标。

一般来讲，总体参数是未知的。而统计分析的最大贡献就是，研究人员可以利用样本统计量对总体参数进行估计、检验或推测。这种较高层次的统计分析方法，称为推断统计（Inferencial Statistics），是统计分析的核心。在上述游客旅游体验满意度研究中，258名游客构成一个样本，他们的人均月收入（2693元）即为样本均值。我们可以利用2693元这个数值，使用相应的推断统计方法，对总体均值（来聊城所有游客的人均月收入）进行合理的估计或推测。

本章习题

旅游品牌形象的塑造和推广是展现可信、可爱、可敬的中国形象的重要途径。以下问题是一份针对山东省旅游品牌形象感知的学术调查问卷中的部分题目。该调查计划向国内100名旅游行业专家发放问卷，其目的是了解专家对山东省旅游品牌形象的感知与评价，以期为山东省旅游业的进一步发展提供一定的咨询参考。

1. 您的性别？

（1）男　　　　　　　　　　（2）女

2. 您的年龄？

（1）29岁以下　　　　　　　（2）30—44岁

（3）45—59岁　　　　　　　（4）60岁以上

3. 您的研究方向？

（1）旅游规划与开发　　　　（2）旅游企业管理

（3）旅游市场营销　　　　　（4）旅游产业经济

（5）旅游文化　　　　　　　（6）其他

4. 您从事旅游研究的年限：_____年。

5. 您的学位？

（1）无　　　（2）学士　　　（3）硕士　　　（4）博士

6. 您的职称？

（1）初级　　（2）中级　　　（3）副高　　　（4）正高

7. 您主要通过何种渠道了解山东省的旅游品牌形象？

（1）报刊　　（2）杂志　　　（3）广播　　　（4）电视

（5）网络　　（6）其他

8. 您如何评价"好客山东"这一旅游形象口号？

（1）非常不好　（2）不好　　（3）一般

（4）好　　　（5）非常好

9. 您是否来过山东？

（1）是　　　　　　　　　　（2）否

10. 您在山东的旅游体验满意度如何？

（1）非常不满意　　　　　　（2）不满意

（3）一般　　　　　　　　　（4）满意

（5）非常满意

11. 您如何评价山东人的好客程度？

（1）非常不好客 　　　（2）不好客

（3）一般 　　（4）好客

（5）非常好客

12. 您认为山东省今后应重点打造何种旅游品牌？（最多选三项）

（1）华夏龙城 　　（2）平安泰山 　　（3）天下泉城 　　（4）儒风运河

（5）东方圣地 　　（6）亲情沂蒙 　　（7）仙境海岸 　　（8）齐国故都

（9）黄河入海 　　（10）水浒故里 　　（11）其他

试思考：

1. 该调查中的总体、样本、个体分别是什么？

2. 该调查所收集的数据是一手数据还是二手数据？是截面数据还是时间序列数据？

3. 每个问题中包含的变量是什么？这些变量属于什么类型？这些变量应该用何种尺度进行测量？

4. 如何对收集的数据进行描述统计？可否利用所收集的数据进行推断统计？

本章主要参考文献

［1］艾尔·巴比：《社会研究方法》（第 10 版），华夏出版社 2006 年版，第 116—144 页。

［2］戴维·R. 安德森等：《商务与经济统计》（第 11 版），机械工业出版社 2012 年版，第 1—19 页。

［3］戴维·S. 穆尔：《统计学的世界》（第 5 版），中信出版社 2003 年版，第 1—17 页。

［4］道格拉斯·A. 林德等：《商务与经济统计技术》（第 11 版），中国人民大学出版社 2005 年版，第 3—22 页。

［5］盖尔·詹宁斯：《旅游研究方法》，旅游教育出版社 2007 年版，第 61—81 页。

［6］Mark L. Berenson 等：《商务统计：概念与应用》（第 11 版），机械工业出版社 2012 年版，第 1—9 页。

第 二 章

旅游统计数据的来源

如第一章所述，旅游统计分析的数据来源有两个：间接来源和直接来源。本章首先简要地介绍收集二手数据的三种主要渠道——文献、组织和网站，然后依次介绍收集一手数据的两种常用方法——观察法和问卷调查。

一　文献

文献是记录知识的一切载体，是二手数据获取的一个重要来源。在旅游统计数据收集过程中，比较重要的文献类型有三种：

（1）旅游行业年鉴。如世界旅游组织出版的《旅游统计年鉴》、国家旅游局编撰的《中国旅游年鉴》和《中国旅游统计年鉴》、中国旅游饭店业协会编写的《中国饭店年鉴》、山东省旅游发展委员会编制的《山东旅游年鉴》等。

（2）旅游行业报告。如世界旅游组织出版的《旅游发展报告》、中国旅游研究院发布的《中国旅游业发展报告》、国家旅游局发布的《旅游抽样调查资料》等。

（3）旅游专业报刊。如英国的 *Annals of Tourism Research*（《旅游研究纪事》）和 *Tourism Management*（《旅游管理》）、美国的 *International Journal of Tourism Research*（《国际旅游研究杂志》）和 *Cornell Hospitality Quarterly*（《康奈尔接待业季刊》）、国内的《旅游学刊》《旅游科学》《旅游论坛》《北京第二外国语学院学报》《中国旅游报》《华东旅游报》等。

二 组织

组织是人们为了实现某种共同的目标，按照一定的结构形式组成的集合体。其内部各职能部门会存有丰富的相关管理数据，是二手数据获取的另一个重要来源。旅游行业中的组织，按其性质和功能进行划分，主要包括以下 4 类：

（1）旅游行政组织。如世界旅游组织、国家旅游局、山东省旅游发展委员会等。

（2）旅游企业。如旅行社、酒店、餐馆、旅游商店、旅游景点、娱乐场所等。

（3）非营利性旅游组织。如世界旅行社协会、国际饭店与餐馆协会、中国旅游协会、中国旅游饭店业协会、山东省旅游行业协会等。

（4）旅游研究机构。如美国普渡大学旅游与酒店管理系、英国萨里大学旅游与酒店管理学院、中国旅游研究院、中国社会科学院旅游研究中心、国内知名旅游院校等。

三 网站

随着互联网技术的不断发展和普及，网站在二手数据获取方面的作用日益增强。旅游研究的许多数据，可以通过访问以下各类网站获取。

（1）旅游行业组织的官方网站。如世界旅游组织官网（http：//www2. unwto. org）、国家旅游局官网（http：//www. cnta. gov. cn）、山东旅游政务网（http：//www. sdta. gov. cn）、港中旅集团官网（http：//www. hkcts. com）、迈点网（http：//www. meadin. com）、国际饭店与餐馆协会官网（http：//ih-ra. com）、中国旅游研究院官网（http：//www. ctaweb. org）、中国旅游报社官网（http：//www. ctnews. com. cn）等。

（2）学术期刊网站。如 Elsevier Science Direct 外文期刊数据库（http：//www. sciencedirect. com）、EBSCO 外文期刊数据库（http：//ejournals. ebsco. com）、中国知网（http：//www. cnki. net）、万方数据知识服务平台（http：//www. wanfangdata. com. cn）等。

（3）搜索引擎。如谷歌（http：//www. google. com）、百度（ht-tps：//www. baidu. com）、雅虎（https：//www. yahoo. com）等。

四 观察法

观察法（Observational Survey）是指研究人员根据一定的研究目的，通过感官或科学仪器（如照相机、录像机等）直接观察研究对象，从而获得一手数据的调查方法。通过观察法得到的数据较为真实、生动，具有较强的时效性。在旅游研究领域，观察法适用于公共景区（如海滩、城市公园、博物馆等）的旅游容量、旅游景区的时空利用率、游客的逗留时间、游客的旅游行为特征等课题的研究。

例如，为了研究我国不同类型的佛教寺庙旅游者的寺内行为特征，以期为国内宗教旅游市场的开发与管理提供一定的科学依据，彭惠军等（2012）以湖南衡阳雁峰寺（此寺位于南岳衡山七十二峰之首峰——回雁峰上，距今已有1400多年的历史，有"南天第一刹"之美誉）为研究区域，选取4个观察点，对204名寺庙旅游者进行了观察。观察项目包括两部分：旅游者的基本信息和寺内游览行为。前者包括性别、年龄、同行人数和停留时间4个项目。后者包括14个项目，其中偏宗教行为10项，分别为香坛烧香、佛像前跪拜、拜主佛外的其他佛、一尊佛前有三次以上磕头、拜佛时默念、寺内烧小香、奉贡品、请僧人给宝物开光、捐献功德、求签与解签；偏世俗行为4项，分别为照相、欣赏寺内雕塑和照片、说笑或大声交谈、后门进出。通过对样本数据进行统计分析，将寺庙旅游者分为5种类型——虔诚香客、开光客、许愿香客、许愿游客和观光游客，不同类型的旅游者在旅游行为特征方面存在着显著差异。

五 问卷调查

问卷调查（Questionnaire Survey），是指研究人员（或调查者）通过设计调查问卷，向被调查者获取相关信息的一种数据获取方法。在旅游研究中，问卷调查是应用最为广泛的一手数据收集方法。

在进行问卷调查时，需要注意两个极其重要的问题，一为问卷设计，二为样本选取。

（一）问卷设计

1. 问卷设计过程

问卷中的一系列问题，不是靠主观意念凭空想象出来的，而是基于特定的研究主题，经过集思广益和广泛讨论之后精心设计出来的。研究主题是问卷设计的起点与归宿，问卷设计要以主题为依据，不能偏离主题，最终又要服务于主题。

对于任一个研究主题，都可以进一步细分为许多子主题，子主题又可进一步细分为一系列更小的具体题目，均需要收集一定的相关数据。许多具体题目的研究，可以通过文献、网站等方法取得数据；而有些具体题目的研究，则只能通过使用问卷调查的方法获取数据。这些需要调查数据支持的具体题目就被设计成一系列的具体问题，形成问卷初稿。为了保证问卷的质量，在正式调查之前，需要事先进行一次小范围的试验性调查，以检查问卷初稿中的问题，进一步完善问卷，最终形成问卷终稿。调查问卷的设计过程如图2—1所示。

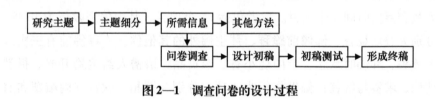

图2—1 调查问卷的设计过程

2. 问卷结构

问卷通常包括以下5个部分：

（1）标题。标题概括说明问卷调查的主题，应做到简明扼要，能够引起被调查者的兴趣。

（2）前言。前言一般包括自我介绍、调查目的、调查内容、填写说明、结果使用、保密承诺、感谢合作等方面的内容。

（3）个人信息。个人信息主要涉及被调查者的性别、年龄、文化程度、职业、地区、收入状况等方面的问题，相关数据常用于对被调查者的分类或分组。

（4）主体。此部分是问卷中最重要的，也是篇幅最大的一部分。在对旅游市场进行问卷调查时，一般会包括旅游动机（为什么?）、旅游行为特征（是什么?）、旅游活动评价（怎么样?）、旅游开发建议（怎么办?）等内容。

（5）结语。向被调查者再次致谢，并附上调查时间、调查地点、调查者姓名等相关的作业记录。

3. 问题类型

从总体上讲，问题要表述礼貌，简单易懂，数目适量，类型多样，逻辑清晰。按照性质的不同，可将问题划分为开放式问题和封闭式问题两类。

开放式问题不提供具体的答案选项，允许被调查者不受限制地填写答案，常以填空题的形式出现，如表2—1第二行所示。此类问题灵活性较大，可能会获取调查者意料之外的、有价值的信息，但可能会遇到回答率低、不便于统计分析等问题。

封闭式问题将答案限定在一定范围之内，让被调查者从给定的答案选项中进行选择，不允许他们进行自由发挥，常以选择题的形式出现，如表2—1第三行所示。相对于开放式问题，封闭式问题易于回答、回答率高、便于进行统计分析，但可能会存在答案选项呆板、信息遗漏等问题。

表2—1　　　　　　　　　开放式问题与封闭式问题示例

问题类型	示　例
开放式问题	您对山东省旅游业的发展有什么建议?＿＿＿＿＿＿。
封闭式问题	您的性别?（1）男　　　（2）女

封闭式问题的一个特殊形式是量表式问题，其答案选项是以量表（Scale）的形式呈现的。在旅游研究中，常用的量表为李克特量表（Likert Scale），主要用于旅游态度或评价的调查。该量表由一组陈述组成，每一陈述都有程度不同的5个答案选项（如"非常满意""满意""一般""不满意""非常不满意"），要求被调查者从中做出选择。在进行统

计分析时，5 个答案分别编码为 1、2、3、4、5，可以进行量化分析。

例如，某酒店若要求客人对本酒店的服务项目进行评价，相关问题的答案选项即可以量表的形式呈现，如表 2—2 所示。

表 2—2　　　　　　　关于酒店服务项目评价的李克特量表

项目	非常不满意 (1)	不满意 (2)	一般 (3)	满意 (4)	非常满意 (5)
服务态度	□	□	□	□	□
服务效率	□	□	□	□	□
服务设施	□	□	□	□	□

4. 问题措辞

对于问题的措辞，应遵循以下 5 个原则：

（1）避免使用专业术语。仅在面向行业专家进行调查时使用专业术语，其他情形尽量不要使用。

（2）概念表述清晰。如果概念含混不清，会让被调查者难以回答。

（3）使用非引导性问题。题目中如果使用一些暗示性的词汇，极有可能会对被调查者的回答产生某种诱导作用，从而不能做出客观的回答。

（4）一题一问。一个题目只关注一个具体的问题，而不能同时关注两个以上的问题，否则被调查者将无法作答。

（5）语言简洁明了。在题目意思表达明晰的前提下，语言表述能简即简，越简单越好。

表 2—3 的示例是 5 个存在问题的措辞以及改进之后的措辞。

表 2—3　　　　　　　　　问题措辞示例

原则	存在问题的措辞	改进之后的措辞
避免使用专业术语	您利用旅游代理商的频率是多少？	您一年去旅行社多少次？
概念表述清晰	您外出旅游很频繁吗？	您每年外出旅游几次？
使用非引导性问题	您支持旅游景区取消门票吗？	您对旅游景区取消门票有什么看法？

续表

原则	存在问题的措辞	改进之后的措辞
一题一问	您去过本地的动物园和植物园吗？	1. 您去过本地的动物园吗？ 2. 您去过本地的植物园吗？
语言简洁明了	由于中国旅游市场秩序尚不完善，旅行社强制游客购物的现象时有发生。对此类事件，您有何看法？	您对旅行社强制游客购物的现象作何评价？

5. 答案选项

在设计封闭式问题的答案选项时，应遵循以下三个原则：

（1）穷尽原则。答案选项应涵盖所有可能出现的情形，不能有任何遗漏。如果选项过多，通常可先罗列主要选项，再将剩余选项一并归入"其他"项目中，如表2—4所示。

表2—4　　　　　　　　　　穷尽原则示例

问题	答案选项
你为何来此旅游？	（1）欣赏自然风光　（2）了解历史文化　（3）体验民俗文化 （4）公务出差　　　（5）探亲访友　　　（6）其他

（2）互斥原则。各个选项的内容绝对不能重叠，否则有些调查者回答时将无所适从。表2—5中给出的是违背互斥原则的以及改进之后的答案选项。

表2—5　　　　　　　　　　互斥原则示例

问题	存在问题的答案选项	改进之后的答案选项
您的年龄？	（1）20岁以下　　（2）20—30岁 （3）30—40岁　　（4）40—50岁 （5）50—60岁　　（6）60岁以上	（1）19岁以下　　（2）20—29岁 （3）30—39岁　　（4）40—49岁 （5）50—59岁　　（6）60岁以上

（3）单一尺度原则。各个选项应只有一个统一的度量尺度或衡量标准，否则会造成选项之间不具有可比性。表2—6所示是违背单一尺度原则的以及改进之后的答案选项。

表2—6 单一尺度原则示例

问题	存在问题的答案选项	改进之后的答案选项
您的学历？	（1）初中及以下　（2）高中/中专 （3）专科　（4）学士 （5）硕士　（6）博士	（1）初中及以下　（2）高中/中专 （3）专科　（4）本科 （5）硕士研究生　（6）博士研究生

除上述原则外，为方便向统计软件中进行录入，答案选项的编号最好不要使用字母形式，而是采用数字形式，如表2—4至表2—6所示。

6. 信度与效度

一份高质量的调查问卷，良好的信度和效度均需同时兼备。

信度（Reliability），又称可靠性，是指使用同一问卷对同一（或相似）对象进行重复测量时所得结果的一致性程度。问卷的信度越高，说明其调查结果越稳定、越可靠，反之亦然。假设要开展游客在某一地区旅游体验满意度的问卷调查，如果问卷在多次随机抽样中所得到的结果变化不大，便可以认为此问卷是比较有信度的。在研究过程中，研究人员可以通过设计相似题目、增删题目、试测、重复测量等方式来保证问卷的信度。

效度（Validity），又称有效性，是问卷能够准确测量研究对象特性的程度，或问卷能够准确反映研究主题的程度。问卷的效度越高，其调查结果与研究内容的契合度就越高，反之亦然。在上述游客旅游体验满意度调查中，如果问卷中只有游客对于景区满意度的题目，而缺少关于住宿、餐饮、娱乐等方面的相关问题，那么这份问卷便是低效度的，因为问卷的题目并没有准确反映或完全涵盖旅游体验满意度这一主题。在研究过程中，研究人员需要对研究主题的相关概念进行准确把握，在此基础上，可通过强化问卷的设计程序或采取专家建议等方式来保证问卷的效度。

钟栎娜（2010）在《旅游学刊》上发表了一篇题为《旅游研究的信

度与效度》的论文，系统地介绍了信度和效度在旅游研究中的意义、信度的测量和确保信度的一般技术、效度的测量和确保效度的一般技术三方面内容，对于旅游研究中的问卷设计具有重要的指导意义。

（二）样本选取

由于成本条件的限制，问卷调查往往是针对具体的样本进行的。在统计学中，从总体中选取一个代表性样本的过程，称为抽样（Sampling）。由于抽样而导致的样本统计值（样本统计量的值）与总体参数值之间的差异，称为抽样误差（Sampling Error）。

假设总体由某大学的5万名学生构成，人均月花费（总体参数值1）为1000元，男女比例（总体参数值2）为4∶6。假若要从中抽取一个由500名学生构成的样本，以考察不同性别学生的旅游行为差异。对于一个最理想的、最具代表性的样本，其人均月花费（样本统计值1）、男女比例（样本统计值2）应与总体参数值完全一致，即1000元、4∶6。但在实际抽样中，这种样本基本上属于不可能完成的任务，样本统计值与总体参数值之间不可避免地存在着或多或少的误差。误差反映了样本对总体的代表程度，其值越小，说明样本越具代表性。要减少误差，选择合适的抽样方法极为关键，以下4种方法在问卷调查中较为常用。下面就以对大学生进行抽样的例子进行介绍。

1. 简单随机抽样

简单随机抽样（Simple Random Sampling）是指从容量（指个体的个数）为 N 个单位的总体中任意抽取容量为 n 个单位的样本时，使每个个体被抽中的可能性均相等的一种抽样方式。最初，研究人员常使用一种叫作随机数表（Random Number Table）的工具来进行简单随机抽样。随机数表是由0到9十个数字所组成的表格，每个数字在表中出现的次数是相同的，在表中出现的顺序是随机的，如表2—7所示。

表2—7　　　　　　　　　　　随机数表（部分）

81628	36100	39254	56835	37636	02421	98063	89641	64953	99337
84649	48968	75215	75498	49539	74240	03466	49292	36401	45525

63291	11618	12613	75055	43915	26488	41116	64531	56827	30825
70502	53225	03655	05915	37140	57051	48393	91322	25653	06543
06426	24771	59935	49801	11082	66762	94477	02494	88215	27191
20711	55609	29430	70165	45406	78484	31639	52009	18873	96927
41990	70538	77191	25860	55204	73417	83920	69468	74972	38712

使用随机数表进行抽样时，需要三个步骤：

首先，对总体中的所有个体进行编号。在本例中，需要对 5 万名学生进行编号，如从 00001 号到 50000 号。

其次，根据编号情况确定随机数的位数。本例中的编号为 5 位数，故随机数也应为 5 位数。

最后，在随机数表中，从任意一个数字开始，按行或按列依次抽取随机数，编号与这些随机数相同的个体即被选中。若遇到随机数重复出现或超过编号范围的情形，可将其忽略，直至达到样本容量的要求。本例中，可从第一行第一列的第 1 个数字 8 开始选择 5 位数的随机数。第 1位随机数为 81628，因超出编号范围而被忽略；第 2 位随机数为 36100，相应编号的学生即被选中；之后继续按以上程序进行抽取。（利用上述步骤进行抽样时，过程相当烦琐，工作量很大，而借助于 SPSS 统计分析软件，自动生成随机数，可大大地提高工作效率，相关的内容将在第三章介绍。）

使用随机数表进行简单随机抽样时，针对的是容量已知的总体，这类总体被称为有限总体。而对于容量未知的无限总体，因个体无法进行编号，故随机数表不再适用。在此情况下进行简单随机抽样时，需要设计专门的抽样规则，以尽可能地保证每个个体被抽中的可能性相同。

例如，对某处景区的游客进行现场调查时，对当天的游客数量是无法确定的，这时可以先随机抽取一名游客作为第一个个体，然后采取每隔一段时间（如 10 分钟）或每隔几名游客（如 20 名游客）的方式进行抽样，该方法类似于下述的系统抽样。

2. 系统抽样

系统抽样（Systematic Sampling），又称等距抽样，是根据相等的间隔或距离进行个体抽取的一种随机抽样方式。与利用随机数表相比，该方式较为简便易行，效率较高，且能保证同样的样本质量。在进行系统抽样时，需要以下 4 个步骤：

首先，对总体中的所有个体进行编号，并按大小顺序排列。如对大学生进行抽样的例子中，需要对 5 万名学生编号并排序，如从 00001 至50000 号依次排列。

其次，根据样本容量确定组数和间隔距离。本例中，样本的容量要求为 500 名学生，故将总体分为 500 组；将总体容量 5 万和样本容量相除，即得到间隔距离为 100。

再次，从第一组中随机抽取一个个体，作为抽样的起点。本例中，可从第一组（前 100 名学生）中，随机抽取一名学生作为样本的第一个个体。

最后，从起点开始，依次以固定的间隔进行抽取。本例中，从抽取的第一名学生开始，每隔 100 名学生、在剩余的 499 个小组中依次进行抽取，每个小组抽一名学生，共计 500 名。

3. 分层抽样

分层抽样（Stratified Sampling），又称类型抽样，是先将总体的所有个体按其属性特征分成若干层（或类别），然后在各层内进行简单随机抽样或系统抽样的一种随机抽样方式。通过对总体进行划类分层，增强了层内个体之间的同质性或相似性，从而会使抽取的样本更具代表性。

本例中，可先按性别将 5 万名学生分成男、女两个类别，分别有 2 万名和 3 万名学生。然后根据样本容量（500 名学生）和男女比例（4∶6），在两类中分配具体数量，分别为 200 名男生和 300 名女生。最后，使用简单随机抽样或系统抽样方式，分别从两类中进行抽取。

4. 整群抽样

整群抽样（Cluster Sampling），又称聚类抽样，是先以一定的标准将总体的所有个体划分为成若干个互不交叉、互不重复的群（或集合），然后从中随机选取几个群组成样本的一种随机抽样方式。

本例中，若此大学拥有 100 个专业，可先根据专业将 5 万名学生划为100 个群，再从群中随机选取几个专业的学生构成样本。

与前三种抽样方式相比，整群抽样是以群为单位，而不是以个体为单位进行抽样，其效率更高，但是样本的代表性可能较弱。而且，在本例中，整群抽样还不能保证所得到的样本容量就是 500 名学生。

因此，在实际操作中，可采取分级整群抽样（Multi-stage Cluster Sampling）的方式，即先利用整群抽样随机抽取几个群，然后在各群内再使用简单随机抽样、系统抽样或分层抽样方式进行抽样。

本例中，可先使用整群抽样方法抽取若干个专业，再根据各专业的学生总数和样本容量要求，确定相应的分配比例和数量；然后在每个专业内部，选择其他三种抽样方法中的任意一种进行随机抽样。

本章附表

问卷样例——聊城市游客旅游体验满意度调查问卷

尊敬的女士/先生：您好！

非常感谢您抽出宝贵的时间填写此问卷！本次问卷调查旨在客观地了解游客在聊城市的旅游体验满意度，为政府及相关部门改善当地旅游管理与旅游服务质量提供数据支持。本问卷的所有调查信息将完全保密，请您根据本人的真实情况放心填写。谢谢您的合作！

聊城大学旅游系　敬上

一　游客基本信息（请您在空格处填写或在合适的选项前画"√"）

1. 您来自_____省_____市（地区）。

2. 您的性别？

（1）男　　　　（2）女

3. 您的年龄是_____岁。

4. 您的学历？

（1）初中及以下　　　　（2）高中/中专

（3）大专　　　　（4）本科

（5）研究生

5. 您的身份？

（1）学生　　　　　　　（2）公务员

（3）教师　　　　　　　（4）企业人员

（5）离退休人员　　　　（6）军人

（7）其他

6. 您的月收入为＿＿＿＿元。

7. 您了解聊城的主要途径是什么？（可多选）

（1）网络　　　　　　　（2）电视/广播

（3）书籍/报纸/杂志　　（4）旅行社

（5）亲友　　　　　　　（6）其他

8. 来之前，您了解聊城的哪些城市荣誉？（可多选）

（1）中国十大宜居城市　　（2）国家历史文化名城

（3）全国最大的龙山文化城　（4）中国优秀旅游城市

（5）中国特色休闲城市　　（6）中国特色魅力城市

（7）其他

9. 来之前，您对聊城的整体印象如何？

（1）非常差　　（2）差　　　（3）一般

（4）好　　　　（5）非常好

10. 来之前，您对此行的总体期望如何？

（1）非常低　　（2）低　　　（3）一般

（4）高　　　　（5）非常高

11. 您是第几次游聊城？

（1）第1次　　（2）第2次　　（3）第3次

（4）第4次　　（5）5次及以上

12. 您此行的主要目的是什么？（可多选）

（1）欣赏自然风光　　　（2）了解历史文化

（3）体验民俗文化　　　（4）公务出差

（5）探亲访友　　　　　（6）其他

13. 您的出游方式？

（1）个人团队　　　　　（2）与亲友参团

（3）单位组织参团　　　（4）自助旅游

（5）其他

14. 您准备在聊城玩_____天。

15. 您此次的旅游花费大约为_____元。

16. 您的旅游花费主要用于哪些方面？（可多选）

（1）交通 　　　（2）住宿 　　　（3）娱乐 　　　（4）购物

（5）餐饮 　　　（6）景点 　　　（7）其他

二　游客对旅游目的地的评价（请在您认为最合适的"□"上画"√"）

1. 您认为"运河古都"的提法符合聊城实际吗？

（1）非常不适合 　　　　　　　（2）不适合

（3）一般 　　　　　　　　　　（4）适合

（5）非常适合

2. 您认为聊城适合居住吗？

（1）非常不适合 　　　　　　　（2）不适合

（3）一般 　　　　　　　　　　（4）适合

（5）非常适合

3. 您认为聊城的城市特色如何？

（1）非常没特色 　　　　　　　（2）没特色

（3）一般 　　　　　　　　　　（4）有特色

（5）非常有特色

4. 聊城最吸引您的文化类型是什么？（可多选）

（1）运河文化 　　　　　　　　（2）水浒文化

（3）养生文化 　　　　　　　　（4）民俗文化

（5）饮食文化 　　　　　　　　（6）其他

5. 您对此次聊城之行感觉如何？

（1）非常不满意 　　　　　　　（2）不满意

（3）一般 　　　　　　　　　　（4）满意

（5）非常满意

6. 您对聊城哪方面最满意？（可多选）

（1）景色 　　　（2）餐饮 　　　（3）住宿 　　　（4）购物

（5）交通　　（6）娱乐　　（7）其他

7. 您对聊城哪方面最不满意？（可多选）

（1）景色　　（2）餐饮　　（3）住宿　　　（4）购物

（5）交通　　（6）娱乐　　（7）其他

8. 您最喜欢的景点是什么？（可多选）

（1）东昌湖　　（2）光岳楼　　（3）聊城古城　（4）山陕会馆

（5）景阳冈　　（6）狮子楼　　（7）鱼山公园　（8）京杭运河

（9）其他

9. 您最喜欢的名吃是什么？（可多选）

（1）武大郎烧饼　　　　　　（2）老王寨驴肉

（3）魏氏熏鸡　　　　　　　（4）鲁西羊汤

（5）高唐老豆腐　　　　　　（6）沙镇呱嗒

（7）燕店烧鸽　　　　　　　（8）其他

10. 您比较熟悉的旅游商品有哪些？（可多选）

（1）雕刻葫芦　（2）阿胶　　（3）剪纸　　（4）泥塑

（5）木版年画　（6）面塑　　（7）其他

11. 您比较熟悉的艺术形式有哪些？（可多选）

（1）聊城杂技　　　　　　　（2）东昌府八角鼓

（3）东阿鱼山呗　　　　　　（4）莘县文庄火狮子

（5）临清架鼓　　　　　　　（6）冠县柳林花鼓

（7）其他

12. 您觉得此次聊城之行值不值？

（1）非常不值　（2）不值　　（3）一般

（4）值　　　　（5）非常值

13. 您是否会重游聊城？

（1）一定不会　（2）可能会　（3）一定会

14. 您是否会向他人推荐聊城？

（1）一定不会　（2）可能会　（3）一定会

三　游客对各旅游要素满意度的详细评价（请在您认为最合适的"□"内画"√"）

序号及名称		非常不满意（1分）	不满意（2分）	一般（3分）	满意（4分）	非常满意（5分）
1	旅游资源的质量	□	□	□	□	□
2	旅游资源的保护程度	□	□	□	□	□
3	游览项目的丰富程度	□	□	□	□	□
4	餐饮的特色	□	□	□	□	□
5	餐饮的质量	□	□	□	□	□
6	住宿设施的特色	□	□	□	□	□
7	住宿设施的方便程度	□	□	□	□	□
8	住宿设施的干净程度	□	□	□	□	□
9	市际交通的便捷性	□	□	□	□	□
10	市内交通的便捷性	□	□	□	□	□
11	县际交通的便捷性	□	□	□	□	□
12	旅游商品的地方特色	□	□	□	□	□
13	旅游商品的宣传程度	□	□	□	□	□
14	旅游购物的市场秩序	□	□	□	□	□
15	娱乐活动的丰富程度	□	□	□	□	□
16	夜间娱乐项目的丰富程度	□	□	□	□	□
17	娱乐活动的特色	□	□	□	□	□
18	导游的素质	□	□	□	□	□
19	居民的热情友善程度	□	□	□	□	□
20	环境卫生的整洁程度	□	□	□	□	□
21	旅游地的安全	□	□	□	□	□
22	旅游引导标识的便利性	□	□	□	□	□
23	公厕的便利性	□	□	□	□	□
24	旅游咨询服务的便利性	□	□	□	□	□
25	邮电、通信等设施的便利性	□	□	□	□	□
26	整体旅游服务水平	□	□	□	□	□
27	与预期相比，您对此次旅游的总体满意度	□	□	□	□	□

最后，请您对聊城旅游的发展提出一些好的意见或建议：＿＿＿＿＿＿

再次感谢您的配合！谨祝：旅途愉快，万事如意！

调查时间：_____

调查地点：_____

调查人姓名：_____

本章习题

1. 拟定一个旅游研究题目，谈谈在此研究中如何使用观察法进行数据的收集。

2. 从问卷结构、问题类型、问题措辞、答案选项、信度与效度等方面，对附表中的调查问卷样例进行评价。可否对该问卷做进一步的修改与完善？

3. 拟定一个旅游研究题目，从中国知网上收集不少于 20 篇与之相关的学术论文。在对学术论文进行认真研读的基础上，确定详细的研究提纲和具体的研究问题，并以此为依据设计一份不少于 30 个问题的调查问卷。

4. 近年来，旅游逐渐成为"小康社会的标配，美好生活的必备"，因而一个地区居民的旅游状况可在很大程度上反映其生活品质的高低。某地区共有 1000 个村庄，其中较富裕村庄 200 个、中等富裕村庄 600 个、较贫困村庄 200 个；共有成年居民 20 万，男女比例为 45：55。假设在该地区开展一项关于农村居民旅游状况的抽样调查，其样本容量要求为 2000 名成年居民。试分别使用简单随机抽样、系统抽样、分层抽样和分级整群抽样方法完成随机抽样。

本章主要参考文献

[1] 艾尔·巴比：《社会研究方法》（第 10 版），华夏出版社 2006 年版，第 147—269 页。

[2] 戴维·R. 安德森等：《商务与经济统计》（第 11 版），机械工业

出版社 2012 年版，第 140—146 页。

　　［3］戴维·S. 穆尔：《统计学的世界》（第 5 版），中信出版社 2003 年版，第 18—27 页。

　　［4］盖尔·詹宁斯：《旅游研究方法》，旅游教育出版社 2007 年版，第 228—260 页。

　　［5］A. J. 维尔：《休闲与旅游研究方法》（第 3 版），中国人民大学出版社 2008 年版，第 120—244 页。

　　［6］黄克己等：《遗产地居民幸福吗？基于不同旅游扶贫模式的案例分析》，《旅游学刊》2021 年第 11 期。

　　［7］彭惠军等：《佛教寺庙旅游者类型研究——基于观察法的实证分析》，《旅游科学》2012 年第 4 期。

　　［8］钟栎娜：《旅游研究的信度与效度》，《旅游学刊》2010 年第 10 期。

第三章

旅游统计数据的输入与整理

在旅游统计数据收集工作完成之后，接下来便要利用统计软件对数据进行输入与整理。本章首先对 SPSS 统计分析软件进行简要叙述，其次详细地介绍如何在 SPSS 中录入和导入数据，最后依次介绍利用 SPSS 进行数据整理时的几个常用命令。

一　SPSS 概述

（一）SPSS 的发展简史

1968 年，美国斯坦福大学的三名来自不同专业背景的研究生 Norman H. Nie、C. Hadlai Hull 和 Dale H. Bent 成功研制了世界上最早的一款统计分析软件，并将其取名为 Statistical Package for Social Sciences（意为"社会科学统计软件包"），缩写为 SPSS。该软件一经问世，便受到市场的广泛欢迎。1975 年，该软件的前两位创始人在芝加哥成立 SPSS 公司，以满足持续增长的市场需求。

经过 30 多年的发展，SPSS 产品的服务领域不断扩大，服务深度不断增加。于是，SPSS 公司于 2002 年将此软件的英文全称更名为 Statistical Product and Service Solutions（意为"统计产品与服务解决方案"），缩写仍为 SPSS。2009 年，SPSS 公司对 SPSS 产品进行重新包装，将该软件英文名称改为 Predictive Analytics Software（意为"预测统计分析软件"），缩写为 PASW，不过这一更名却令已经习惯了原名的广大用户感到无法接受。在更名事件发生的 3 个月之后，SPSS 公司即被 IBM 公司收购，而该软件也被重新命名为 SPSS，以迎合市场的心理需求。目前，SPSS 已经推出 20 多个版本，本书所使用的版本是 2014 年发行的 SPSS 23 中文版（在汉化过程中，可能出现某些专业术语与本教程使用的术语不相匹配的情形，在叙述过程中均有相应说明）。

（二）SPSS 的主要优点

SPSS 之所以广受市场青睐，其原因在于它具有以下 4 个主要优点：

（1）界面友好。SPSS 是世界上第一款使用人机交互界面的统计分析软件，其最突出的优点就是界面极为友好，令人倍感亲切。

（2）操作简便。常见的统计分析方法，均可以使用菜单和对话框来完成，无须进行复杂的编程，对于普通用户（如大学生）极其适用。

（3）功能强大。虽然操作简单，但 SPSS 的功能却相当强大，它可以进行基本的描述统计分析，可以绘制各种常用的精美图表。更为重要的是，它涵盖了较为全面的推断统计方法，如假设检验、相关分析、回归分析、时间序列分析、非参数检验、聚类分析、因子分析等。

（4）兼容性强。在数据方面，SPSS 可以直接打开文本文件、Excel 表格等数据文件，不仅可以节省时间工作量，而且可以避免复制、粘贴可能引起的错误；在语言方面，自 SPSS 17 开始，SPSS 即开始提供中文操作界面，到目前已彻底解决了中文兼容问题，对中国用户的使用提供了很大便利；在结果方面，SPSS 的输出结果可直接导出为 Word、Excel 等文件类型，方便用户进行进一步编辑和使用。

（三）SPSS 的主要窗口

SPSS 共包括 4 类窗口，分别为数据窗口、结果窗口、语法窗口和脚本窗口，其中最常用的为前两类。

1. 数据窗口

此窗口又称为数据编辑器（Data Editor），在外观上与 Excel 表格类似，数据处理工作主要在此完成。该窗口又分为两个视图：数据视图（Data View，如图 3—1 所示）和变量视图（Variable View，如图 3—2 所示），可由左下角的两个按钮进行切换。

数据视图用来显示具体的数据，共由 5 部分组成，自上而下分别为标题栏、菜单栏、工具栏、数据编辑区和状态栏。在数据编辑区中，最

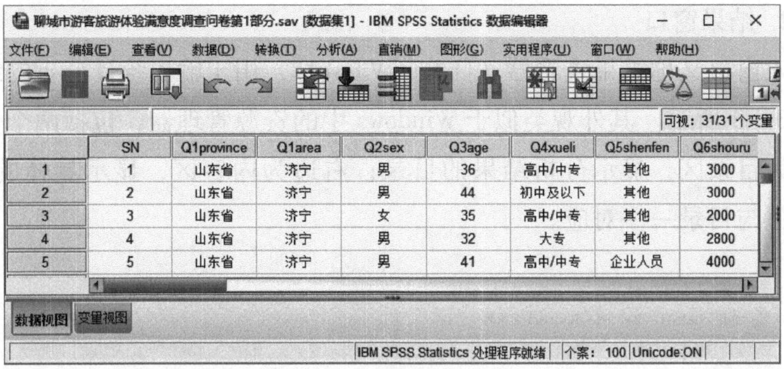

图3—1 SPSS数据窗口（数据视图）

上方显示的是变量名称，如 SN、Q1PROV 等，每一列对应一个变量，每一列数据代表相应变量的所有变量值；最左侧的一列显示的是行号，每一行数据表示的是一个个体的所有测量值（或代表一份问卷的调查结果），称为一条记录（或个案，Case）。

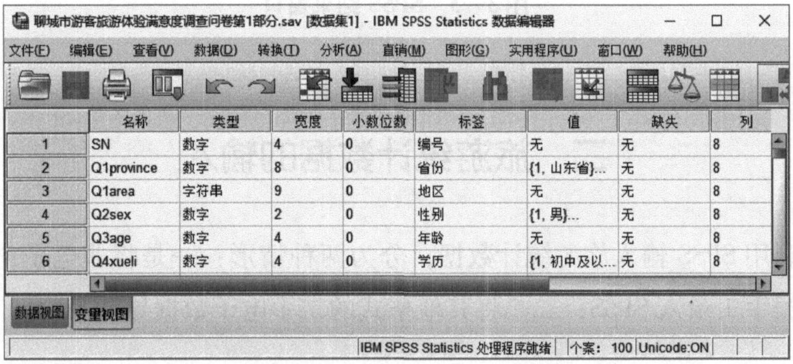

图3—2 SPSS数据窗口（变量视图）

变量视图用来显示变量的属性信息，也由5部分组成，自上而下分别为标题栏、菜单栏、工具栏、变量定义区和状态栏。在变量定义区，最上方显示的是变量的各个属性，如名称、类型等；最左侧的一列显示的是行号（记录号），每一行代表的是每个特定变量的所有属性值，每个单元格代表的是每个特定变量的一个具体属性值。

2. 结果窗口

该窗口又称结果查看器（Output Viewer），用于输出统计分析的结果，如图3—3所示。其外观类似于Windows中的资源管理器，包括两个分区：左边为目录区，显示分析结果的目录；右边为内容区，显示具体的分析结果，与目录一一对应。

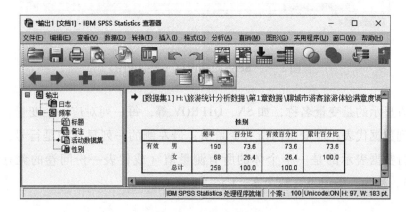

图3—3 SPSS结果窗口

二 旅游统计数据的输入

利用SPSS输入旅游统计数据，分为两种情形：一是将非电子化的一手数据手工录入SPSS；二是将其他格式的二手电子数据导入SPSS。

（一）一手数据的录入

进入SPSS软件之后，选择"文件（File）——新建（New）——数据（Data）"，可新建一个空的数据文件。在向此文件中录入一手数据时，需要三个步骤：首先要确定变量个数，其次在变量视图中定义变量属性，最后切换到数据视图录入数据。下面以表3—1中的4个问题为例进行讲述，这些问题均来自第二章附表中问卷样例的第一部分，且代表不同的问题类型。

表3—1　　　　　　　　　　　　　一手数据录入样题

题号	问题	答案选项/空格		
2	您的性别？	（1）男	（2）女	
3	您的年龄是＿＿＿岁。	＿＿＿＿＿＿＿。		
4	您的学历？	（1）初中及以下　（2）高中/中专　（3）大专 （4）本科　　　　（5）研究生		
12	您此行的主要旅游目的是什么？	（1）欣赏自然风光　（2）了解历史文化　（3）体验民俗文化 （4）公务出差　　　（5）探亲访友　　　（6）其他		

1. 单选题和填空题的录入

表3—1中题号为2、4的问题为单选题，题号为3的问题为填空题。这3个问题均只需确定一个变量即可。对这3个变量，可在变量视图中定义11个具体属性，其中以下6种属性较为重要。

（1）名称（Name）。该属性用于变量命名，主要原则是便于识记，既可以使用字母、符号和数字的组合，也可以直接使用汉字。可将上述3个变量分别命名为"Q2sex""Q3age"和"Q4degree"。

在定义变量名称时，还需要注意如下事项：只能以字母、汉字或@开头；不能以句号结尾；不能使用空格和一些特殊符号（如"？""！""＊"等）；不能使用SPSS程序代码中的关键字（如all、and、with、or等）；变量名称不能相同（SPSS中不区分大小写，如"Q2sex"与"Q2SEX"为同一变量名称，不能同时使用）。

（2）类型（Type）。该属性用于确定变量值的数据类型，常用的有数字（定量数据）和字符串（定性数据）。输入定量数据时，一般不改变原始数据的类型。输入定性数据时，常常对其进行编码，输入数据的类型会因之改变。上述3个变量均可定义为数字，而变量Q2sex和Q4degree的数据类型也可定义为字符串。

（3）标签（Label）。该属性用于为变量名加注标签，对变量名的含义进行解释说明，既可方便识记，又可便于统计分析过程的操作和统计分析结果的理解。上述3个变量的名字，可分别加上相应的中文标签，如"性别""年龄""学历"。如果变量名为中文，一般不用再加标签。

（4）值（Values）。该属性用于给编码之后的变量值设置标签，主要用于定性数据的输入。给变量值赋以不同的标签，对变量值的含义进行注释，不仅可以方便数据的录入，而且可以增强统计分析结果的可读性。

在录入变量 Q2sex 的数据时，可先将变量值"男""女"分别编码为 1、2（它们既可以是数字，也可以是字符串），再将后者录入。为方便识别，需要在图 3—4 所示的对话框中设置标签。对话框上部的两个文本框分别为"变量值（Value）"输入框和"标签（Label）"输入框，将"1"和"男"依次输入，单击下方的"添加（Add）"按钮，即可将第一个变量值标签添加到下方的标签列表框中；再以同样的步骤，即可完成第二个标签的设置。可用相似的方法，对变量 Q4degree 的 5 个值添加标签。

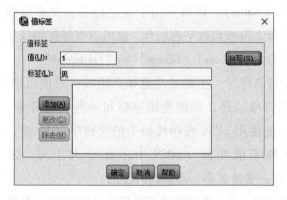

图3—4 变量值标签对话框

（5）缺失值（Missing）。该属性用于定义变量缺失值的表现形式。在录入问卷数据时，如果出现被调查者对某个问题没有回答的情况，SPSS会使用默认的系统缺失值进行填充。对于定量数据，会使用圆点来表示缺失值；对于定性数据，则直接使用空字符串。而使用图 3—5 所示的对话框可以自定义缺失值的数据呈现形式。

图3—5 缺失值对话框

该对话框中有 3 个选项按钮，系统默认的是第一项，即"无缺失值（No missing values）"。第二项为"离散缺失值（Discrete missing values）"，可在下面的文本框内最多输入 3 个离散型的数字来表示缺失值。第三项为"范围加上一个可选的离散缺失值（Range plus one optional discrete missing value）"，可在下面的文本框内确定一个区间的同时，再指定一个离散值来表示缺失值。

假如变量 Q2sex 存在缺失值，可使用一个除 1、2 之外的任意一个离散值来表示缺失值。如果以 0 来表示缺失值，需要在"离散缺失值"下面的框内输入"0"。

（6）测量尺度（Measure）。该属性用来定义变量的测量尺度。如 3 个变量 Q2sex、Q3age、Q4degree 需分别定义为定类（或名义）尺度、定距（或标度）尺度和定序（或有序）尺度。假如在第二步将 Q2sex 和 Q4degree 的类型设置为数字，那么将两变量的测量尺度分别设为定类和定序之后，其变量值只能对个体进行分类或排序，不能进行数学运算，因而定性数据的性质并没有发生根本改变。

将各个变量的属性定义完毕之后，可切换到数据视图，按行进行数据的输入。在数据录入过程中，需要时刻注意保存，SPSS 数据文件的扩展名为". sav"。

2. 多选题的录入

SPSS 的每个单元格中只能录入一个变量值，对于可能出现多个答案的多选题（Multiple Response，又被称为多重响应）来说，仅确定一个变量不能实现数据的完整输入，必须确定多个变量。可使用二分法（Dichotomy）和分类法（Category）两种方法来确定变量的个数。

1）二分法

一个多选题有 n 个选项，则将该题分解为 n 个单选题，每个选项对应一个单选题。分解之后的单选题只有两个选项"是"（表示选中，可编码为1）或"否"（表示未选中，可编码为0）。由于每个单选题只确定一个变量，因此这个多选题会确定 n 个变量。

表3—1中题号为12的问题为多选题，共有6个选项，可将其分解为如表3—2所示的6个单选题，并将相应的6个变量分别命名为"Q12mudi_1""Q12mudi_2""Q12mudi_3""Q12mudi_4""Q12mudi_5"和"Q12mudi_6"。

表3—2 利用二分法拆分多选题

题号	单选题	答案选项
12_1	欣赏自然风光是您的主要旅游目的吗？	（1）是 （0）否
12_2	了解历史文化是您的主要旅游目的吗？	（1）是 （0）否
12_3	体验民俗文化是您的主要旅游目的吗？	（1）是 （0）否
12_4	公务出差是您的主要旅游目的吗？	（1）是 （0）否
12_5	探亲访友是您的主要旅游目的吗？	（1）是 （0）否
12_6	您的主要旅游目的是其他方面吗？	（1）是 （0）否

接下来，在变量视图中定义6个变量的属性。由于6个变量均来自同一个多选题，具有相同的属性，所以可仅定义第一个变量的属性，然后将其复制、粘贴，再对变量名、变量名标签进行修改即可。

将变量属性定义完毕后，切换至数据视图，按照被调查者的答案，依次录入1或0。假设被调查者选择的是选项"（1）欣赏自然风光"和"（3）体验民俗文化"，那么在录入数据时，需要依次录入1、0、1、0、0和0。

2）分类法

如果一个多选题的答案选项过多，那么会在很大程度上增加数据录入的工作量。在此情况下，分类法会更为适用。使用分类法时，首先要确定所有被调查者对该多选题给出的最多答案个数 n（≤多选题答案选项个数）；然后将该多选题分解为 n 个单选题，每个单选题的答案选项与原多选题的答案选项相同。由于每个单选题只确定一个变量，因此这个多选题会确定 n 个变量。

仍以表3—1中题号为12的问题为例，假如被调查者给出的最多答案个数为3个，那么可以将此多选题分解为如表3—3所示的3个单选题，并将相应的 3 个变量分别命名为"Q12mudi_1""Q12mudi_2"和"Q12mudi_3"。

表3—3　　　　　　　　　　利用分类法拆分多选题

题号	单选题	共同的答案选项	
12_1	您的第一个主要旅游目的是什么？	（1）欣赏自然风光	（2）了解历史文化
12_2	您的第二个主要旅游目的是什么？	（3）体验民俗文化	（4）公务出差
12_3	您的第三个主要旅游目的是什么？	（5）探亲访友	（6）其他

接下来，与二分法的方法相似，在变量视图中定义 3 个变量的属性。将变量属性定义完毕后，切换至数据视图，根据被调查者的答案，从1—6中选择数字进行录入。假设被调查者选择的是选项"（1）欣赏自然风光""（3）体验民俗文化"和"（5）探亲访友"，那么在录入数据时，需要依次录入1、3、5。假如被调查者只选择了（1）和（3），那么需要依次录入1、3，而第三个变量 Q12mudi_3 可使用系统默认缺失值。此类缺失值的存在不会影响以后的统计分析。

（二）二手数据的导入

1. 文本文件的导入

以导入"2014 年全国各地星级饭店数量分布情况 . txt"文件为例。在导入之前，需事先打开此文件，查看其数据结构。文件显示，第一行是变量名，共有 7 个变量，自第二行开始为变量值；变量名、变量值之间用制表符隔开。

查看完毕之后，在 SPSS 中选择"文件（File）——读取文本数据（Read Text Data）"，系统会弹出一个对话框，要求选择需要打开的文件。找到该文本文件之后，单击"打开（Open）"按钮，便进入"文本导入向导（Text Import Wizard）"对话框，该向导共有 6 个步骤，如图 3—6 至图 3—11 所示。

（1）在图 3—6 所示的对话框中，系统会询问即将打开的文件是否与另一个已预定义格式的文件（文件的扩展名为".tpf"）具有相同的结构。如果有，选择按钮"是（Yes）"，并找到相应的文件，直接单击"完成（Finish）"按钮，就可完成数据的导入。如果没有，单击按钮"否（No）"，再单击"下一步（Next）"按钮。

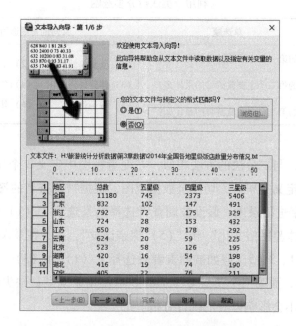

图 3—6 文本导入向导对话框 1

（2）在图 3—7 所示的对话框中，要求回答两个问题："变量之间是以特定字符分隔（定界），还是以固定宽度排列？""文件的开头（即第一行）是否为变量名？"在本例中，应选择"定界（Delimited）"和"是"两个按钮，再单击"下一步"按钮。

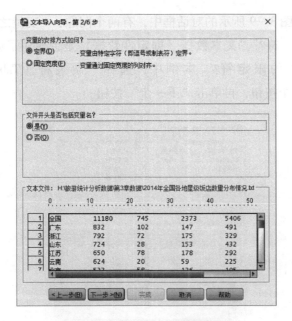

图3—7　文本导入向导对话框2

（3）在图3—8所示的对话框中，共有三个问题："是否从第二行开始读取数据？""每一行是否代表一个个案（或记录）？""是否导入全部个案？"一般来说，保持默认的设置即可，然后单击"下一步"按钮。

图3—8　文本导入向导对话框3

（4）在图3—9所示的对话框中，有两个问题："变量之间使用什么分隔（定界）符?""文本数据（即定性数据）是否使用了诸如单引号、双引号之类的限定符?"本例中，选择"制表符（Tab）"和"无（None）"两个按钮，再单击"下一步"按钮。

图3—9 文本导入向导对话框4

（5）在图3—10所示的对话框中，要求对导入的各个变量的属性

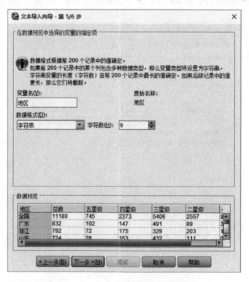

图3—10 文本导入向导对话框5

（主要为变量名和变量值的数据类型）进行设置。本例中，保持系统默认的设置即可，然后单击"下一步"按钮。

（6）在图3—11所示的对话框中，需回答两个问题。第一个问题为："是否将此文件的格式保存为模板（.tpf文件），以便以后打开其他文本文件时使用？"可选择"是"按钮，并单击"另存为（Save As）"按钮，将其保存。第二个问题为："是否将本次操作过程粘贴为SPSS语句？"对普通用户来说，一般选择"否"按钮。

图3—11 文本导入向导对话框6

当所有操作步骤完成之后，单击"完成"按钮，SPSS将该文本文件成功导入。

2. Excel文件的导入

以导入"2014年来华旅游人数前10位国家.xlsx"文件为例。在导入SPSS之前，也需事先打开此文件，查看其数据结构。文件显示，该表格共15行、3列，第一行是变量名，共3个变量；自第二行开始为变量值。

文件查看完毕之后，在SPSS中选择"文件（File）——打开

（Open）——数据（Data）"，系统会弹出一个对话框，要求选择需要打开的文件。找到该文件后，单击"打开"按钮，便进入 Excel 文件导入对话框，如图 3—12 所示。

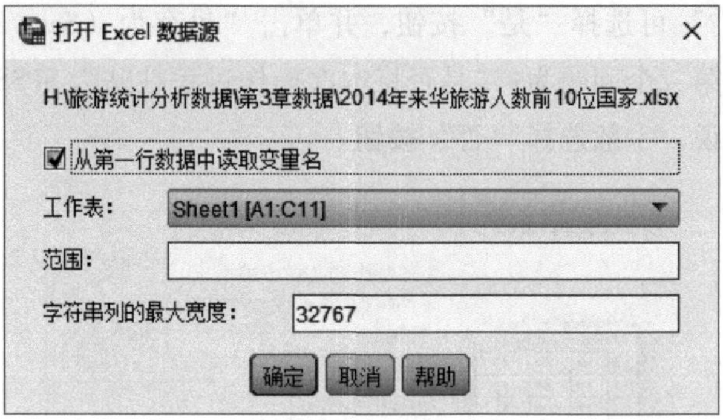

图 3—12 Excel 文件导入对话框

对话框首先询问是否从第一行数据中读取变量名，系统默认为勾选状态，本例中保持默认。"工作表（Worksheet）"下拉列表框中，可选择 Excel 文件中需要导入的表格，本例中只有"sheet1"一个表格。"范围（Range）"框内要求填写表格导入的起止单元格，若不填写，则将表格数据全部导入，本例中保持空白。相关设置完成后，单击"确定（OK）"按钮，该 Excel 文件即被导入 SPSS。

三 旅游统计数据的整理

将旅游统计数据输入 SPSS 之后，还需要根据不同的具体研究任务，对数据进行排序、分组、合并、转换等整理工作。在 SPSS 中，主要通过"数据（Data）"和"转换（Transform）"两个菜单来实现数据的整理，其中前者主要针对整个文件，而后者则主要针对具体变量。常用的整理方法有如下几种。

（一）文件的合并

在调查问卷进行输入时，若工作量较大，往往需要几个人分工合作。

当各自的输入任务完成之后，需要对各个数据文件进行合并、汇总。对数据进行合并，分为横向合并（增加变量）和纵向合并（增加个案），其中后者更为常用。

假如对 60 名游客进行问卷调查，收回的 60 份问卷由两人分别输入，每人负责 30 份。输入之后的文件分别命名为"30 名游客的调查数据. sav"（文件1）和"另外 30 名游客的调查数据. sav"（文件2），文件结构完全相同，均包括编号、年龄、性别和旅游花费 4 个变量。若将两文件进行合并，其操作过程如下：

打开"文件 1"，选择"数据（Data）——合并文件（Merge Files）——添加个案（Add Cases）"，在弹出的对话框内找到拟进行合并的"文件2"，单击"继续（Continue）"按钮，打开图 3—13 所示的对话框。

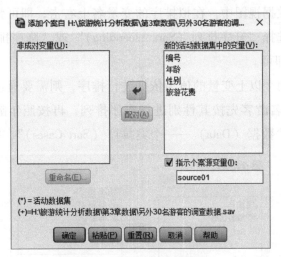

图3—13　文件合并对话框

左边为"非成对变量（Unpaired Variables）"框，包含不为两个文件所共有的变量。在默认状态下，SPSS 会将这些变量排除。右边为"新的活动数据集中的变量（Variables in New Active Dataset）"框。该框内，两个待合并文件中的共有变量自动进行匹配，并以列表的形式排列。右下部为"指示个案源变量（Indicate case source as variable）"文本框，可定义一个新的变量（系统默认变量名为"source01"），用来显示数据的来源。

本例中，因两个文件具有相同的变量个数和变量名称，故变量全部显示在右边的框中。单击"指示个案源变量"，再单击"确定"按钮，即可完成数据文件的合并。结果显示，文件2中的数据已完全合并至文件1中，文件1增加了一个名为 source01 的变量，该变量有0和1两个变量值，分别表示数据来源于文件1和文件2。

（二）数据的排序

对数据进行排序，是为了进一步了解数据的结构，如查看变量的最小值和最大值。在实际操作中，既可以对个案进行排序，也可以对变量进行排序，其中前者更为常用。

在对个案进行排序时，若仅以一个变量的值为依据，可直接使用鼠标来完成。数据视图中，在拟排序的变量名上右击，即可弹出一个快捷菜单，从中选择"升序排列（Sort Ascending）"或"降序排列（Sort Descending）"即可。

如果以两个以上变量的值为依据进行排序，则需要通过对话框来完成。若对30名游客先按其性别进行降序排列，再按照年龄进行升序排列，需选择"数据（Data）——个案排序（Sort Cases）"，打开图3—14

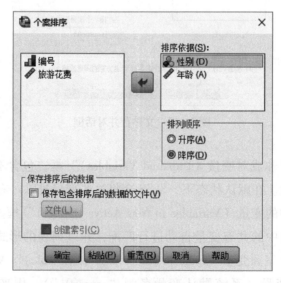

图3—14 个案排序对话框

所示的对话框。先将"性别"选入"排序依据（Sort By）"框，在"排列顺序（Sort Order）"框中单击"降序（Descending）"按钮；再将"年龄"选入，保持默认的"升序（Ascending）"按钮，最后单击"确定"按钮。

结果显示，文件中的数据进行了重新排序，男性组在女性组之上，两个小组内部的个案又按照旅游花费的多少进行了升序排列。若要将重新排序后的文件保存为一个新的文件，选中对话框中的"保存包含排序后的数据的文件（Save file with sorted data）"按钮。

（三）个案的选择

在实际操作过程中，研究人员常常不是针对所有个案（或个体），而是仅对部分个案进行统计分析。假如从 30 名游客中选择所有女性游客进行研究，具体操作过程如下：

（1）选择"数据（Data）——选择个案（Select Cases）"，打开图 3—15 所示的主对话框。

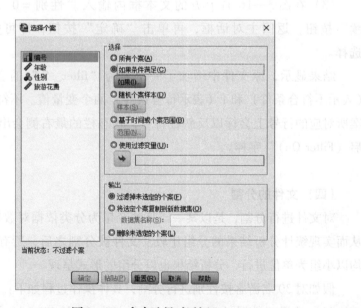

图 3—15　个案选择对话框 1

（2）选中"如果条件满足（If condition is satisfied）"按钮，单击

"如果（If）"按钮，打开图3—16所示的对话框，用来定义筛选条件。

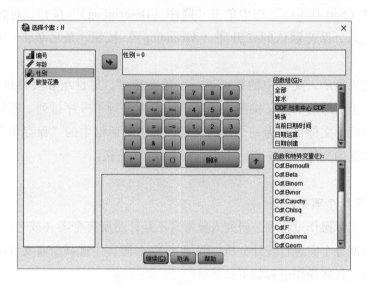

图3—16 个案选择对话框2

（3）在图3—16右上方的文本框内输入"性别＝0"，单击"继续"按钮，返回主对话框，再单击"确定"按钮，即可完成数据的选择。

结果显示，原文件中增加了一个名为"filter_ $ "的变量，拥有0（表示不符合条件）和1（表示符合条件）两个变量值。不符合条件的个案所对应的行号上会标以反斜杠符号，状态栏的最右侧会出现"过滤开启（Filter On）"字样。

（四）文件的分割

对文件进行分割，是以某一或某些变量为分类依据对数据进行分组，从而实现统计分析结果的分组比较。文件被分割之后，所有的统计分析均以小组为单位进行，分析结果也以分组的形式呈现。

假如对30名游客按性别进行分割，具体操作过程如下：

（1）选择"数据（Data）——拆分文件（Split File）"，打开图3—17所示的对话框。

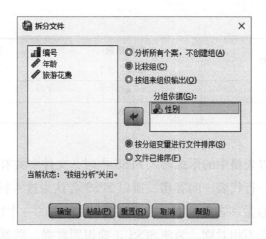

图 3—17　文件分割对话框

（2）选中右上侧的"比较组（Compare groups）"或"按组来组织输出（Organize output by groups）"按钮。若选择前者，分析结果会以分组的形式呈现在同一个表格中。若选择后者，各组的分析结果会以独立的表格呈现。

（3）将"性别"选入"分组依据（Groups based on）"框中，并单击"确定"按钮，即可完成数据的分割。数据分割完成之后，原来的数据文件在形式上并没有发生任何变化，但在数据视图中的状态栏上，会出现"拆分依据　性别（Split by 性别）"的字样，表明数据文件在结构上已经实现了性别分组。

（五）个案的加权

对个案进行加权，就是对不同的个案赋予不同的权重，从而改变个案在统计分析中的重要性。表3—4 显示的是某星级酒店不同类型的客房数量及其价格。

表3—4　　　　　　　　　　**某星级酒店的客房数据**

客房类型	客房数量 （单位：个）	客房价格 （单位：元）
单人间	50	280
标准间	150	300

续表

客房类型	客房数量 （单位：个）	客房价格 （单位：元）
大床间	80	300
套房	120	480

将该数据以表格中的形式输入 SPSS 中时，文件中共有 4 行数据。由于系统默认每一行代表一间客房，所以 SPSS 会认为这 4 行数据仅代表 4 间客房（客房数量和客房价格一样，只是每间客房的一个特性），这显然与表格中的信息不相对称。为使 SPSS 正确识别数据，需要改变客房数量的数值属性，将其变成频数数据，即表示有多少个（或间）的定量数据，从而实现个案的加权。个案加权之后，每行数据表示的不再是一间客房，而是与客房数量的变量值相对应的多间客房。

此例中，个案加权的实现过程如下：

（1）选择"数据（Data）——个案加权（Weight Cases）"，打开图 3—18 所示的对话框。

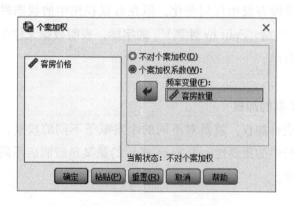

图 3—18 个案加权对话框

（2）选择"个案加权系数（Weight cases by）"按钮，并将"客房数量"选入下面的"频率变量（Frequency variable）"框内，然后单击"确定"按钮，即可完成对个案的加权。

操作完成之后，在数据视图的状态栏上，会出现"权重开启

（Weight On）"的字样，表明个案已经实现了加权。

（六）变量的计算

变量之间的运算在 SPSS 中最为常用。在计算过程中，可利用算术表达式或函数，对所有个案或满足特定条件的部分个案，进行数学运算。其结果既可替代一个已知变量，也可被存入一个新指定的变量中。

以 2014 年来华旅游人数前 10 位国家的数据为例。已知 2014 年来华的外国游客总数为 2636.08 万人次，若要分别计算 2014 年来华旅游人数前 10 位国家所占的市场份额，只需将各国游客人数与外国游客总数相除即可。在 SPSS 中的实现过程如下所述：

（1）打开文件"2014 年来华旅游人数前 10 位国家.sav"，选择"转换（Transform）——计算变量（Compute Variable）"，出现图 3—19 所示的对话框。

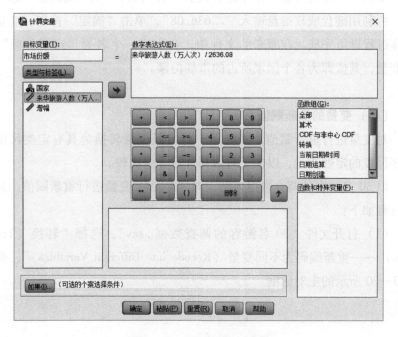

图3—19　变量计算对话框

（2）在左上方的"目标变量（Target Variable）"文本框中，输入新生成变量的名字，并可单击在其下的"类型与标签（Type & Label）"按钮进行变量类型和变量名标签的设置。本例中，将目标变量命名为"市场份额"，数据类型为数字。

（3）在右上方的"数字表达式（Numeric Expression）"文本框中，输入相应的数学表达式。其左下方的"变量列表"、下方的"软键盘"和"函数列表（Function group）"中的各个项目均可选入或输入。变量列表显示文件中的所有变量，以"测量尺度＋变量名＋变量名标签"的形式呈现（本例中，变量名未设置标签，故只显示前两项）；软键盘包含数字（0—9）和各种运算符，可通过鼠标单击键盘按钮输入；软键盘右侧的两个框为"函数列表"，包含各类 SPSS 函数，若选中任一函数，在软键盘下边的框内会出现关于该函数如何使用的相应提示。对话框最下方的"如果（If）"按钮，用于设置一定条件，筛选进行运算的个案。

本例中，先将变量"来华旅游人数（万人次）"从变量列表中选入该框，再利用键盘或软键盘输入"/2636.08"，单击"确定"按钮，变量的计算过程即可完成。在原来的文件中，会生成一个名为"市场份额"的新变量，其值即为各个国家所占的市场份额。

（七）变量的重新赋值

对变量进行重新赋值，主要用于将定量变量转换为具有定类尺度或定序尺度的定性变量，以便于对数据进行分组比较。

以 30 名游客的调查数据为例，对"年龄"变量进行重新赋值，其操作过程如下：

（1）打开文件"30 名游客的调查数据 . sav"，选择"转换（Transform）——重新编码为不同变量（Recode into Different Variables）"，弹出图 3—20 所示的主对话框。

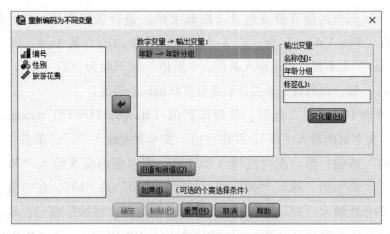

图 3—20　变量重新赋值对话框 1

（2）将"年龄"从左侧的变量列表中选入中间的"数字变量（Input Variable）→输出变量（Output Variable）"框内，在最右侧的"输出变量（Output Variable）"框组下的"名称（Name）"文本框中将新变量命名为"年龄分组"，单击"变化量（Change）"按钮，中间的框内就会显示"年龄→年龄分组"的字样，表明新老变量名之间已经建立起了对应关系。

（3）建立新老变量值之间的转换关系。单击"旧值和新值（Old and New Values）"按钮，打开图 3—21 所示的对话框。对话框左侧为"旧值（Old Value）"框，共有 7 个选项，其中第 4、5、6 项最常用，其功能是

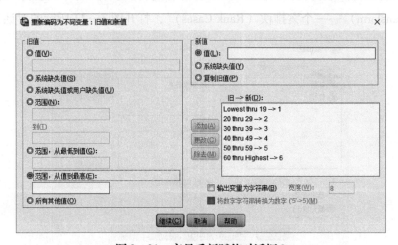

图 3—21　变量重新赋值对话框 2

将某个区间内的所有值（包含下限和上限）进行重新编码。右上侧为"新值（New Value）"框，共3个选项，最常用的为第1项，即"值（Value）"文本框，要求输入新值。"新值"框下面为"旧（Old）→新（New）"框，以列表的形式显示变量重新编码的情况。

本例中，先在"范围，从最低到值（Range，LOWEST through value）"文本框内输入"19"，并在"值"文本框内输入"1"，单击"添加（Add）"按钮；然后在"范围（Range）"文本框内依次输入"20"到"29"、"30"到"39"、"40"到"49"和"50"到"59"，在"值"文本框内依次输入"2""3""4""5"，并单击"添加"按钮；最后在"范围，从值到最高（Range，value through HIGHEST）"文本框内输入"60"，在"值"文本框内输入"6"，单击"添加"按钮。

（4）在完成旧值与新值的转换之后，单击"继续"按钮返回主对话框，再单击"确定"按钮，即可完成变量的重新赋值。原来文件中会增加一个名为"年龄分组"的新变量，可切换至变量视图对该变量的属性进行详细定义。

（八）个案的排秩

个案的排秩，就是以特定变量的值为依据对个案进行排序，并将秩次保存在一个新的变量中。

若要按照旅游花费的多少对30名游客进行秩次排列，可选择"转换（Transform）——个案排秩（Rank Cases）"，打开图3—22所示的对话框。

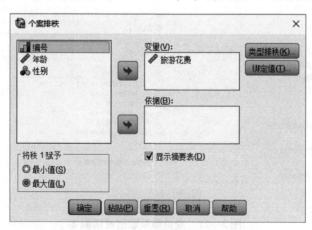

图3—22 个案排秩对话框

将"旅游花费"选入"变量（Variable）"框，在"将秩 1 赋予（Assign Rank 1 to）"框内选择"最大值（Largest Value）"按钮，表示将旅游花费最高的游客排在第 1 名。其他保持系统默认状态，单击"确定"按钮即可。原来文件中会生成一个新变量，名字以字母 R 为首，变量值为旅游花费的秩次。

若要确定不同性别分组内各个游客的旅游花费秩次，则需要将"性别"选入"依据（By）"框，其他设置保持不变。

（九）随机数的生成

如第二章所述，在进行简单随机抽样时，可通过随机数表来确定随机数，但选取过程颇为烦琐，而 SPSS 的数据整理功能可以轻松实现此过程。

若要从 5 万名大学生中抽取 500 名学生构成简单随机样本，其随机数的生成过程如下：

（1）对所有学生进行编号，如 1 到 50000。

（2）新建一个 SPSS 空白文件，在变量视图定义一个名为"随机数"的变量，然后切换到数据视图，在第 500 行任意输入一个数值，以激活 500 个单元格。

（3）选择"转换（Transform）——随机数生成器（Random Number Generators）"，打开图 3—23 所示的对话框。在右上侧的"活动生成器初始化（Active Generator Initialization）"框中选择"设置起点（Set Starting

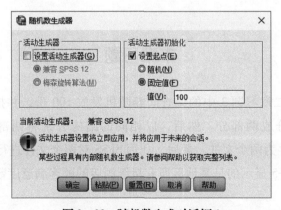

图 3—23 随机数生成对话框 1

Point)"按钮，并在"固定值（Fixed Value）"文本框中任意输入一个数字（如100），然后单击"确定"按钮。

（4）选择"转换（Transform）——计算变量（Compute Variable）"，打开图3—24所示的对话框。在"目标变量"文本框中输入"随机数"，从"函数列表"中找到随机数函数 Rv. Uniform，该函数的运算结果是返回一系列服从均匀分布的随机数，即每位随机数出现的概率均相等。双击选入"数字表达式"文本框，并填入该函数的两个参数 min（最小值）和 max（最大值）。此例中，分别将1和50000填入，单击"确定"按钮，即可生成500个随机数。

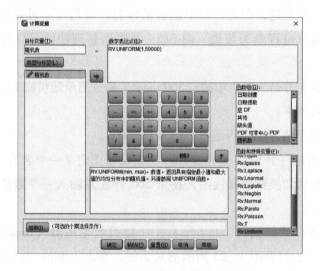

图3—24 随机数生成对话框2

本章习题

1. 将第二章习题3中的调查问卷随机发放100份，并把收回的问卷在编号之后分成两部分。然后，以相同的结构分别将两部分问卷输入 SPSS，并保存为两个文件。最后，利用 SPSS 对两个文件进行合并。

2. 表3—5显示的是某地区所有星级酒店的顾客满意度数据。

表 3—5　　　　　　　　　某地区星级酒店的顾客满意度数据

酒店级别	酒店数量 （单位：个）	平均满意分数 （单位：分）
一星级	16	7.5
二星级	20	8.1
三星级	26	8.5
四星级	30	8.9
五星级	12	9.5

（1）将此表格的数据输入一个文本文件，取名为"星级酒店顾客满意度"，并将其导入 SPSS。

（2）利用变量"酒店数量"对个案进行加权。

3. 美国著名财经杂志《福布斯》于2012 年起，开始发布"中国大陆旅游业最发达旅游城市榜"。该榜单是根据各城市的年度入境旅游人数、国内旅游人数、旅游外汇收入、国内旅游收入、星级饭店数、4A 级及以上旅游景区数 6 个指标，经加权计算、汇总相应分值，进而确定其最终排名。文件"2014 福布斯中国大陆旅游业最发达旅游城市榜.xlsx"显示的是 2014 年中国大陆旅游业最发达城市（前 30 名）的各项指标分值。

（1）将此 Excel 文件导入 SPSS。

（2）计算各城市的总分值，将新建变量命名为"总分值"。

（3）依据变量"总分值"，对个案进行降序排列，并对个案进行排秩。

（4）对变量"总分值"进行重新赋值，生成的新变量名为"城市分组"，值为"1—4"。

（5）选择满足条件"城市分组 =2"的个案。

（6）以变量"城市分组"为依据，对文件进行分割。

本章主要参考文献

［1］艾尔·巴比：《社会研究方法》（第10 版），华夏出版社2006 年版，第385—431 页。

[2] 盖尔·詹宁斯：《旅游研究方法》，旅游教育出版社 2007 年版，第 270—308 页。

[3] 薛薇：《统计分析与 SPSS 的应用》（第 3 版），中国人民大学出版社 2011 年版，第 1—76 页。

[4] 张文彤、邝春伟：《SPSS 统计分析基础教程》（第 2 版），高等教育出版社 2011 年版，第 3—78 页。

[5] A. J. 维尔：《休闲与旅游研究方法》（第 3 版），中国人民大学出版社 2008 年版，第 246—276 页。

第二篇

旅游统计数据描述

第 四 章

旅游统计数据的图表描述

输入统计软件的旅游统计数据，往往数量较多，规模较大，其内在的分布规律或有价值的信息难以通过肉眼获得，需要借助一定的统计方法进行直观的描述。本章首先介绍定性数据的 3 种图表描述方法——频数分布表、简单条形图和饼状图，然后介绍定量数据的两种图表描述方法——频数分布表和直方图，最后介绍两个变量之间关系的 4 种图表描述方法——列联表、分组和分段条形图、折线图以及散点图。

一 定性数据的图表描述

(一) 频数分布表

1. 相关概念简介

频数分布表（Frequency Distribution Table）是用来描述几个互不重叠的分组中数据个数的表格，由分组数据及其相应的频数构成，可以较为清晰地反映数据的分布状态。该表格既可以描述定性数据，也可以描述定量数据。如果数据为定性数据，可直接使用原始数据进行频数描述。

据中国城市居民调查（China National Residence Survey）显示，2014年最受中国大陆游客欢迎的四星级以上酒店品牌中，排名前五位的是假日（Holiday Inn）、香格里拉（Shangri-La）、喜来登（Sheraton）、希尔顿（Hilton）和万豪（Marriott）。文件"中国游客最受欢迎的高星级酒店品牌 . sav"中的数据是 100 名游客对于酒店品牌的偏好信息，共有酒店品牌和性别两个变量，均为定性变量。

根据此文件的数据，制作关于酒店品牌这一定性变量的频数分布表，结果如表4—1所示。该表共有6列，第一列为酒店品牌的分组数据，其他5列为各组数据所对应的各类频数。

表4—1 酒店品牌的频数分布表

酒店品牌	频数	相对频数	百分比	有效百分比	累积百分比
假日	29	0.29	29	29	29
香格里拉	20	0.20	20	20	49
喜来登	19	0.19	19	19	68
希尔顿	18	0.18	18	18	86
万豪	14	0.14	14	14	100
总计	100	1.00	100	100	

频数（Frequency），是指每组数据的个数或次数。如表4—1所示，5种酒店品牌的频数分别为29、20、19、18、14，较为直观地反映了游客对于不同酒店品牌的偏好程度。

相对频数（Relative Frequency），又称频率，是指每组数据的个数占个体总数的比例，其计算公式为"相对频数＝每组数据的个数/个体总数"。例如，相对频数为0.29，表示的是偏好假日品牌的游客比例，用29除以游客总数100得到。

百分比（Percentage），与相对频数具有相同的内涵，由相对频数乘以100得到。例如，百分比为29，仍然表示偏好假日品牌的游客比例，用0.29乘以100得到。

有效百分比（Valid Percentage），是指每组数据的个数占有效个体（去除拟描述变量中含有缺失值的个体）总数的比例。在该例中，由于不存在缺失值，有效百分比的值与百分比的值完全等同。假如100名游客中有5名游客未对其品牌偏好做出回答，则有效个体总数应为95，有效百分比的值会因分母的改变而发生改变，与百分比的值会存在一定差异。

累计百分比（Cumulative Percentage），是指前几组数据的百分比之和。例如，前两组数据的累计百分比为49，由29加20得到，表示偏好假日和香格里拉品牌的游客比例。

2. 制作过程

利用 SPSS 生成上述频数分布表，仅需要两个步骤：

（1）打开数据文件，选择"分析（Analyze）——描述统计（Descriptive Statistics）——频率（Frequencies）"，打开图 4—1 所示的对话框。

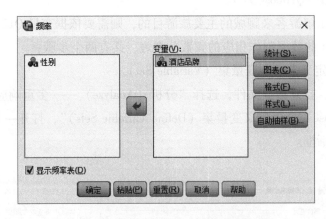

图 4—1　定性数据频数分布表制作对话框

（2）将"酒店品牌"选入"变量（Variable）"框中，保持"显示频率表（Display Frequency Tables）"选项的默认选中状态，单击"确定"按钮，即可完成频数分布表的制作。

操作结束后，在结果窗口中会出现关于酒店品牌的频数分布表，可将其导出至 Word 文档中进行进一步编辑。其实现过程如下：选中频数分布表，单击鼠标右键，在弹出的菜单中选择"导出（Export）"选项，然后在新弹出的"导出输出（Export Output）"对话框中设置输出路径、文件类型和文件名称，最后单击"确定"按钮即可。

3. 多选题频数分布表的制作

如第三章所述，在录入多选题时，可先使用二分法或分类法将原题分解为 n 个单选题（对应 n 个变量），然后将 n 个单选题（变量）分别录入至 SPSS。若要制作多选题的频数分布表，则应先将 n 个变量重新组合为一个多选题变量集，再以该多选题变量集为依据生成表格。

文件"聊城市游客旅游体验满意度调查问卷第 1 部分 . sav"中的数据表示的是 258 名游客的基本个人信息和旅游信息，是通过发放第二章附表中的问卷而获得的。该问卷的第一部分共有4个多选题，分别为第7、8、12和16题。前3个多选题以分类法方式输入（分解之后的变量名为"Q7tujing_1—Q7tujing_3"，"Q8glory_1—Q8glory_3"和"Q12mudi_1—Q12mudi_4"），最后一个以二分法方式输入（分解之后的变量名为"Q16cost_1—Q16cost_7"）。

若要了解游客来聊城的主要旅游目的，则需要依据变量Q12mudi_1—Q12mudi_4的数据制作相应的频数分布表，共有两个步骤：

（1）定义多选题变量集（Variable Set）。

首先，打开数据文件，选择"分析（Analyze）——多重响应（Multiple Response）——定义变量集（Define Variable Sets）"，打开一个图4—2所示的对话框。

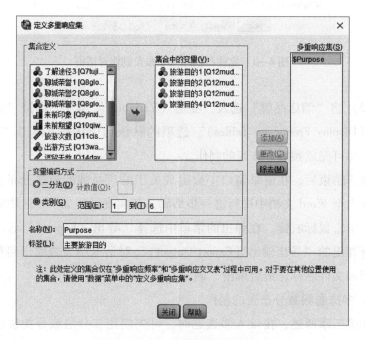

图4—2　定义多选题变量集对话框

其次，将"Q12mudi_1—Q12mudi_4"这4个变量选入"集合中的变量（Variables in Set）"框。

再次，在"变量编码方式（Variables Are Coded As）"框中，选择正确的编码方式，共有两个选项：二分法（Dichotomies）和类别法（分类法，Categories）。上述 3 个变量是以分类法编码，故选择第二个选项，并在后面的文本框内填写编码范围（"1"到"6"）。若变量是以二分法编码的，应选第一个选项，并在"计数值（Counted Value）"文本框内填入"1"（表示统计选中的答案）。

又次，在最下部的两个文本框中，为变量集命名，并为其设置标签，其定义原则与变量属性完全相同。可将上述 3 个变量构成的集合命名为"Purpose"，标签定义为"主要旅游目的"。

最后，单击右侧的"添加"按钮，在最右侧的"多重响应集（Multiple Response Sets）"框中会出现以"＄"为开头的多选题变量集名。

（2）制作频数分布表。

首先，选择"分析（Analyze）——多重响应（Multiple Response）——频率（Frequencies）"，打开图 4—3 所示的对话框。

图 4—3　多选题频数分布表制作对话框

然后，将"＄Purpose"选入"表（Table for）"框内，保持"缺失值（Missing Values）"框内选项的默认未选中状态（两个选项分别针对二分法和分类法，其意义为"只要多选题变量集中的任何一个变量存在缺失值，就将此个案排除"。因为该多选题集录入时使用的是分类法，因此缺失值的存在在所难免；若选中第二个按钮，将导致许多个案无法参与分析。如果输入时使用的是二分法，多选题变量集之所以存在缺失值，往往是由于被调查者未做出回答所致；在此情形下，可选中第一个选项将相关个案排除）。

最后，单击"确定"按钮，即可完成制作过程，经进一步编辑之后的频数分布如表4—2所示。

表4—2 聊城市游客主要旅游目的频数分布表

主要旅游目的	应答人次	应答次数百分比	应答人数百分比
欣赏自然风光	149	43.7	58.4
了解历史文化	40	11.7	15.7
体验民俗文化	11	3.2	4.3
公务出差	68	19.9	26.7
探亲访友	48	14.1	18.8
其他	25	7.3	9.8
总计	341	100	133.7

表4—2中，应答人次是受访游客选择某一选项的次数或频数。对于单个选项而言，应答人次就是选择某一选项的游客人数，即应答人数。对于整个多选题而言，由于每人至少会选择一个选项，应答总人次必然会大于应答总人数。例如，应答人次为149，表明欣赏自然风光被选择的次数为149次，即有149名游客选择此项。应答总人次为341，说明游客共选择了341个选项，这个数字要大于游客总数258（由于该问题有3名游客未做出回答，分解之后的4个变量均为缺失值，统计分析时将其排除，故实际应答总人数为255）。

应答次数百分比（Percent of Responses），是指游客选择某一选项的次数占应答总人次的比例。例如，应答次数百分比为43.7，是由149除以341再乘以100得到，表明在所有341个主要旅游目的中，欣赏自然风光这一旅游目的占到43.7%。

应答人数百分比（Percent of Cases），是指选择某一选项的游客人数占应答总人数的比例。例如，应答人数百分比为58.4，是由149除以255再乘以100得到，表明有58.4%的受访游客来聊城的主要旅游目的为欣赏自然风光。

（二）简单条形图

1. 图形简介

简单条形图（Simple Bar Chart）是用直条的形式描述一个定性变量的数据频数分布的常用图形，相较于频数分布表而言更为直观形象。简单条形图由横轴、纵轴和直条三部分组成。横轴为分类轴，标注各个分组数据；纵轴为数值轴，标注频数、相对频数或百分比；每个直条与具体的分组数据相对应，各个直条之间具有一定的间隔，所有直条的宽度相同，直条的高度表示各组数据的频数大小。

图4—4所示就是一个典型的简单条形图，反映了2014年最受中国大陆游客欢迎的四星级以上酒店品牌的频数分布。

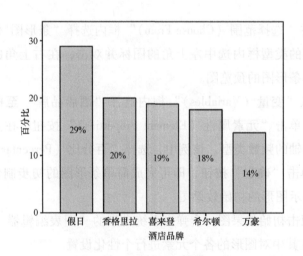

图4—4 酒店品牌偏好条形图

2. 制作过程

（1）打开数据文件，选择"图形（Graphs）——图表构建器（Chart Builder）"，打开图4—5所示的对话框。

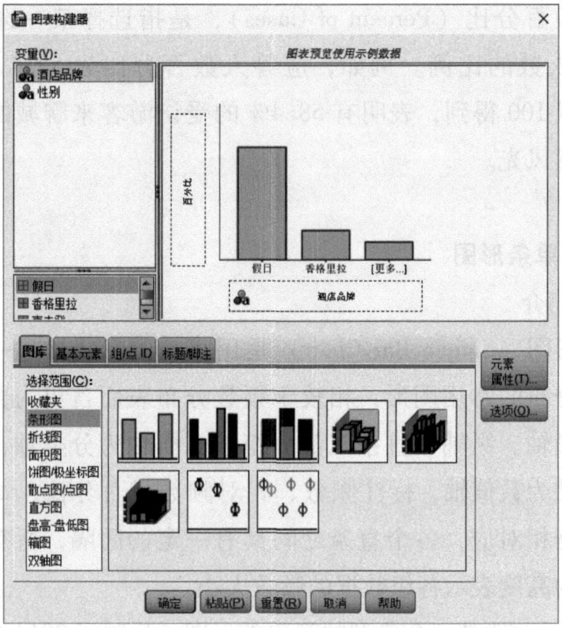

图4—5 条形图制作对话框

（2）在"选择范围（Choose From）"框内选择"条形图（Bar）"，然后在其右侧的类型框内选中左上角的图标并双击，在右上角的预览框内会出现简单条形图的预览图。

（3）从"变量（Variables）"框内选择"酒店品牌"至横轴下的空白框，然后单击"元素属性（Element Properties）"按钮，在弹出的对话框内设置纵轴的频数类型。该例中，选择"百分比（Percentage）"。

（4）单击"确定"按钮，即可完成简单条形图的初步制作，在结果窗口中会显示图形的初始效果图。

（5）双击初始效果图，会弹出系统自带的"图表编辑器（Chart Editor）"，可在其中对图形的各个元素进行个性化设置。

（三）饼状图

饼状图（Pie Chart）也是一种描述定性数据频数分布的常用图形。该图形在整体上是一个圆形，由数个面积大小不一的扇形组成，每个扇形代表一个分组数据，扇形面积的大小对应着分组数据的频数、相对频数或百分比。

文件"最受中国游客欢迎的高星级酒店品牌.sav"中的酒店品牌的数据频数分布也可以由图4—6所示的饼状图进行描述，其制作过程和简单条形图的制作流程大致相似，不同之处就在于图形类型的选择。

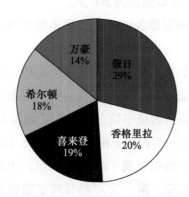

图4—6　酒店品牌偏好饼状图

二　定量数据的图表描述

（一）频数分布表

一般来讲，对定量数据的频数分布进行描述时，首先需要将数据分组，然后依据分组数据制作频数分布表。

以文件"30名游客的调查数据.sav"为例，对旅游花费的数据进行分组，并制作频数分布表。

1. 数据分组

定量数据的分组，需要以下3个步骤：

（1）确定组数。应综合考虑数据的个数多少、数据的极值（最小值与最大值）大小以及研究目的等因素，确定合适的分组数量。为了方便组间的比较分析，分组数量不宜太多，一般以5个左右为宜。此例中，旅游花费共有30个数据，最小值为510元，最大值为1280元，差距为770元，可将数据分为4组。

（2）确定组距。组距是各个分组的宽度，定义为每个小组的组上限

（该组数据的最大值）与组下限（该组数据的最小值）之差或相邻两组组下限（或组上限）之差。各组的组距应尽量相同，可使用公式"近似组距=（数据最大值－数据最小值）/组数"得到组距的近似值，然后根据研究人员的偏好或判断确定合适的组距。此例中，用770除以4，得到近似组距的值为192.5，可取组距为200元。

（3）确定组限。组限即各组的组下限和组上限，其设定要遵循两个原则：不漏与不重。

不漏原则要求每个数据都要分属于一个小组，第一组的组下限要小于（或等于）数据的最小值，最后一组的组上限要大于（或等于）数据的最大值。此例中，数据的最小值分别为510元和1280元，第一组的组下限可取500元，最后一组的组上限可取1299元（或1300元）。

不重原则要求每个数据仅属于唯一的小组，小组之间的数据互不重叠，可采用两种方式实现。第一为"相邻两组组限间断"的方法，即前一组的组上限与后一组的组下限之间设置一定单位的间隔，各组均为闭区间。第二为"相邻两组组限重叠，但上限不在内"的方法，即前一组的组上限虽然与后一组的组下限相同，但并不属于前一组，各组均为半开区间。在具体应用过程中，第一种方法更为常用。此例中，可将各组组限设为［500，699］、［700，899］、［900，1099］和［1100，1299］。

2. 制作频数分布表

（1）打开数据文件，选择"转换——重新编码为不同变量"，利用上述分组情况对变量旅游花费进行重新赋值，将新变量命名为"旅游花费分组"，变量值定义为1、2、3、4，值标签分别设为"500—699元""700—899元""900—1099元""1100—1299元"，测量尺度设置为定序尺度。

（2）打开数据文件，选择"分析——描述统计——频率"，打开图4—1所示的对话框。将"旅游花费分组"选入"变量"框中，保持"显示频率表"按钮的默认选中状态，单击"确定"按钮，即可完成频数分布表的制作。进一步编辑之后的频数分布如表4—3所示。该表显示，游客旅游花费多数集中于"700—899元"和"900—1099元"这两个区间。

表4—3   **旅游花费的频数分布表**

旅游花费分组	频数	相对频数	百分比	有效百分比	累积百分比
500—699 元	6	0.20	20	20	20
700—899 元	10	0.33	33	33	53
900—1099 元	9	0.30	30	30	83
1100—1299 元	5	0.17	17	17	100
总计	30	1.00	100	100	

（二）直方图

1. 图形简介

直方图（Histogram）是用来描述定量数据频数分布的常用图形，相较于频数分布表而言更为直观形象。直方图由横轴、纵轴和矩形三部分组成。横轴、纵轴均为数值轴，其中横轴标注定量数据，纵轴标注频数、相对频数或百分比；每个矩形与具体的分组相对应，其底为该组的组宽，其高说明该组数据的频数大小；相邻的矩形互相连接，中间没有间隔。

图4—7 所示是30 名游客旅游花费数据的直方图。共有4 个矩形，代表4 个分组；矩形宽度为200，代表组距为200 元。中间的两个矩形最高，说明旅游花费落在中间两个区间的游客人数较多，共有19 人。

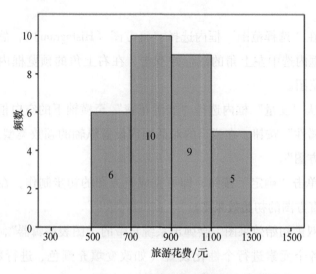

图4—7 旅游花费直方图

2. 制作过程

（1）打开数据文件，选择"图形——图表构建器"，打开图4—8所示的对话框。

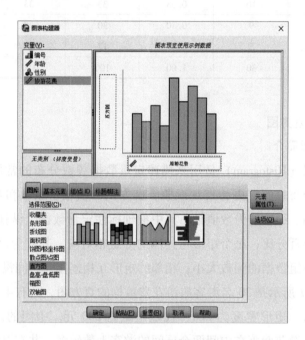

图4—8 直方图制作对话框

（2）在"选择范围"框内选择"直方图（Histogram）"，然后在其右侧的类型框内选中左上角的图标并双击，在右上角的预览框内会出现直方图的预览图。

（3）从"变量"框内选择"旅游花费"至横轴下的空白框，然后单击"元素属性"按钮，在弹出的对话框内设置纵轴的频数类型。该例中，选择"直方图"。

（4）单击"确定"按钮，即可完成直方图的初步制作，在结果窗口中会显示直方图的初始效果图。

（5）双击初始效果图，会弹出系统自带的"图表编辑器"，可在其中对图形的各个元素进行个性化设置（如改变填充颜色、进行数据分组、转换坐标系、设置频数标签等）。

三 两变量关系的图表描述

(一) 列联表

1. 相关概念简介

列联表 (Crosstab)，又称交叉列联表，是用来描述两个定性变量之间关系的常用表格。列联表由行变量、列变量和频数三个主要部分组成。行变量的值在第一列以行的形式显示，列变量的值在第二行以列的形式显示；数据 (或个体) 基于两个定性变量的值进行交叉分组，每组的频数显示在每个单元格中。最后一列单元格内的数字表示行变量值的频数，最后一行单元格内的数字表示列变量值的频数，最后一列最后一行的单元格内的数字为数据总频数。

表 4—4 所示为 100 名中国大陆游客通过性别和酒店品牌两个定性变量进行交叉分组之后的列联表。表格的行变量为性别，其值 ("男""女") 以行的形式显示；列变量为酒店品牌，其值 ("假日""香格里拉""喜来登""希尔顿""万豪") 以列的形式显示。单元格内的数字为交叉分组的频数，如 14 表示偏好假日品牌的男性游客有 14 人。最后一列数字表示游客的男、女数量，分别为 51 人和 49 人。最后一行数字表示偏好不同酒店品牌的游客数量，分别为 29、20、19、18、14 人，最右下方的数字为游客总人数 100 人。

表 4—4　　100 名中国大陆游客的性别与酒店品牌的列联表 (频数)

性别	酒店品牌					
	假日	香格里拉	喜来登	希尔顿	万豪	总计
男	14	10	11	10	6	51
女	15	10	8	8	8	49
总计	29	20	19	18	14	100

列联表的最大用途在于揭示两个定性变量之间是否存在着某种密切的关系。表 4—4 显示，不同性别的游客对酒店品牌的偏好存在一定的差异。相对于男性游客来讲，女性游客偏好万豪和假日的数量较多，偏好

喜来登和希尔顿的数量较少，偏好香格里拉的数量相同。

由于男女游客的数量不相同，原始的频数在描述两变量关系时会存在某种不足，此时使用相对频数或百分比更为有效。将每组的频数分别与对应行变量值的频数相除，会得到行相对频数（或百分比）；将每组的频数分别与对应列变量值的频数相除，可得到列相对频数（或百分比）。此例中使用行百分比，得到表4—5所示的列联表。

表4—5 100名中国大陆游客的性别与酒店品牌的列联表（行百分比）

性别	酒店品牌					
	假日	香格里拉	喜来登	希尔顿	万豪	总计
男	27.45	19.61	21.57	19.61	11.76	100
女	30.61	20.40	16.33	16.33	16.33	100

该表4—5显示，相对于男性游客来讲，女性游客偏好万豪、假日和香格里拉的比例较高，偏好喜来登和希尔顿的比例较低。因此，对于100名大陆游客而言，性别与酒店品牌存在着一定的关系，性别的差异会影响酒店品牌的偏好选择。

2. 制作过程

（1）打开文件"最受中国游客欢迎的高星级酒店品牌.sav"，选择"分析（Analyze）——描述统计（Descriptive Statistics）——交叉表（Crosstabs）"，打开图4—9所示的主对话框。

图4—9 列联表制作对话框1

（2）将"性别"选入"行（Row）"框，将"酒店品牌"选入"列（Column）"框。

（3）单击右侧的"单元格（Cells）"按钮，弹出图4—10所示的对话框。若在"计数（Counts）"框内选中"实测（Observed）"选项，在生成的列联表中，单元格内的数字为频数。若在"百分比（Percentages）"框中选中"行"选项，则单元格内的数字为行百分比。

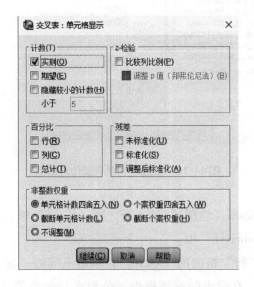

图4—10　列联表制作对话框2

（4）单击"继续"按钮返回主对话框，再单击"确定"按钮，即可完成列联表的制作。可导入Word进一步编辑。

3. 多选题的列联表

对多选题进行描述，不仅可以基于一个变量集制作频数分布表，以查看各个选项的频数分布，而且可以基于一个变量集和一个定性变量制作列联表，以确定它们之间是否存在关系。以聊城市游客旅游体验满意度研究为例，若要了解不同性别的游客来聊城的主要旅游目的是否存在差异，就需要使用多选题的列联表。其制作过程如下：

（1）打开文件"聊城市游客旅游体验满意度调查问卷第1部分.sav"，选择"分析——多重响应——定义变量集"，定义一个名为"＄Purpose"的变量集（在本章第一节中已有详述）。

（2）选择"分析——多重响应——交叉表（Crosstabs）"，打开图4—11 所示的对话框。

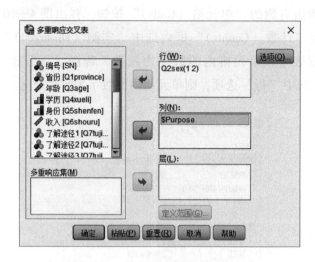

图4—11 多选题列联表制作对话框

（3）将"Q2sex（性别）"选入至"行（Row）"框，将"$ Purpose"选入至"列（Column）"框。

（4）选中"行"框内的"Q2sex"，单击下部的"定义范围（Define Ranges）"按钮，在弹出的对话框内，分别在"最小值（Minimum）"框和"最大值（Maximum）"框内填入"1"（男）和"2"（女），单击"继续"按钮返回。

（5）单击右上角的"选项（Options）"按钮，在弹出的对话框中，选中"单元格百分比（Cell Percentages）"框内的"行"项，选中"百分比基于（Percentages Based on）"框内的"个案（Cases）"项，然后单击"继续"按钮返回。

（6）单击"确定"按钮，即可完成多选题列联表的制作。进一步编辑之后的表格如表4—6 所示。

表4—6 显示，女性游客在了解历史文化、体验民俗文化和其他方面的比例与男性游客差距不大，但在欣赏自然风光方面的比例明显高于男性游客，在公务出差、探亲访友方面的比例明显低于男性游客。因此，对于255 名来聊城的游客而言，性别与主要旅游目的之间存在着一定的关

系，性别的差异会对游客的主要旅游目的产生较大的影响。

表4—6   来聊城游客的性别与主要旅游目的的列联表（行百分比）

性别	主要旅游目的						
	欣赏自然风光	了解历史文化	体验民俗文化	公务出差	探亲访友	其他	总计
男	55.3	15.4	3.7	32.5	21.3	9.0	137.2
女	67.2	16.4	6.0	10.5	11.9	11.9	123.9

（二）分组条形图和分段条形图

1. 图形简介

两种条形图均可描述交叉分组数据的频数分布。分组条形图中，每两个以上的直条横向排列构成一组，组内直条之间无间隔并用不同的颜色或图案表示，组与组之间具有一定的间隔。分段条形图中，每两个以上的直条分段纵向排列构成一组，段与段之间无间隔并用不同的颜色或图案表示，组与组之间具有一定的间隔。

图4—12和图4—13分别为分组条形图和分段条形图，反映了2014年不同性别的中国大陆游客对四星级以上酒店品牌偏好的频数分布。

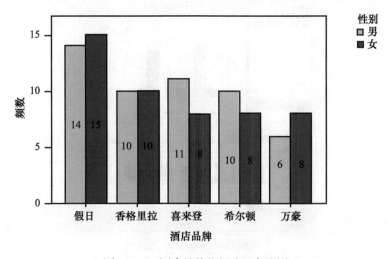

图4—12 酒店品牌偏好分组条形图

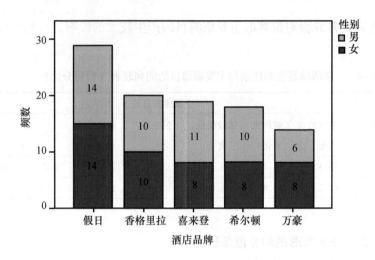

图4—13 酒店品牌偏好分段条形图

2. 制作过程

两种条形图虽具有不同的表现形式，但具有相同的描述功能，其制作过程也较为相似。以分组条形图为例，其制作步骤如下：

（1）打开数据文件，选择"图形——图表构建器"，打开图4—14所示的对话框。

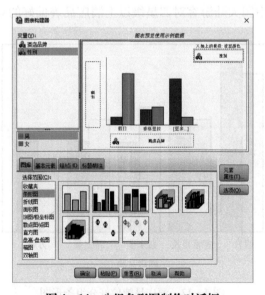

图4—14 分组条形图制作对话框

（2）在"选择范围"框内选择"条形图"，然后在其右侧的类型框内选中第一行第二个图标并双击，在右上角的预览框内会出现分组条形图的预览图。

（3）从"变量"框内选择"酒店品牌"至横轴下的空白框，选择"性别"至预览框右上角的空白框内，然后单击"元素属性"按钮，在弹出的对话框内设置纵轴的频数类型。该例中，选择"计数（Count，即频数）"。

（4）单击"确定"按钮，即可完成分组条形图的初步制作，在结果窗口中会显示分组条形图的初始效果图。

（5）双击初始效果图，会弹出系统自带的"图表编辑器"，可在其中对图形的各个元素进行个性化设置（如改变填充颜色、增加频数标签、转换坐标系等）。

（三）折线图

1. 图形简介

折线图（Line Chart）常用来描述一个定量变量随另一个定性变量的变化趋势。该图形由横轴、纵轴和折线三部分构成。横轴为分类轴，标注定性变量；纵轴为数值轴，标注数值；折线的升降，表示数据值大小的变化趋势。

图4—15反映的是2005—2014年中国城镇居民人均旅游花费的变动情况。从总体上看，城镇居民人均旅游花费呈上升趋势，但在2007—2009年出现小幅度下滑。

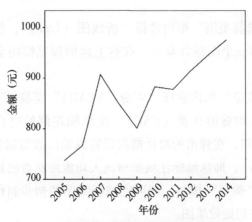

图4—15　中国城镇居民人均旅游花费折线图

2. 制作过程

（1）打开文件"2005—2014 年中国居民人均收入与人均旅游花费.sav"，选择"图形——图表构建器"，打开图 4—16 所示的对话框。

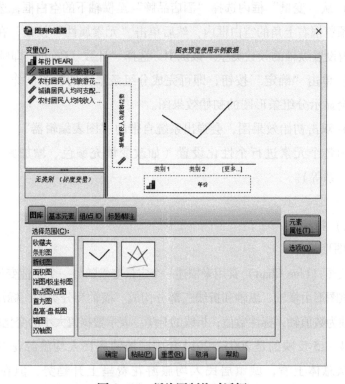

图 4—16 折线图制作对话框

（2）在"选择范围"框内选择"折线图（Line）"，然后在其右侧的类型框内选中第一个图标并双击，在右上角的预览框内会出现折线图的预览图。

（3）从"变量"框内选择"年份（YEAR）"至横轴下的空白框，选择"城镇居民人均旅游花费（CAC）"至纵轴左侧的空白框，然后单击"元素属性"按钮，在弹出的对话框内设置纵轴的数值属性。该例中，选择"值（Value）"，即纵轴标注城镇居民人均旅游花费的具体值。

（4）单击"确定"按钮，即可完成折线图的初步制作，在结果窗口中会显示图形的初始效果图。

（5）双击初始效果图，会弹出系统自带的"图表编辑器"，可在其中对图形的各个元素进行个性化设置（如设置字号、改变刻度显示方式等）。

（四）散点图

1. 图形简介

散点图（Scatter Diagram）是描述两个定量变量之间关系的常用图形。该图形由横轴、纵轴和散点三部分组成。横轴、纵轴均为数值轴，其中横轴标注自变量 x 的数据，纵横标注因变量 y 的数据。每一对变量值 (x, y) 均与唯一的散点相对应。

如果散点整体上具有向右上方变化的趋势，说明 y 与 x 的变化方向相同，此时两变量之间存在正线性相关关系。如果散点整体上具有向右下方变化的趋势，说明 y 与 x 的变化方向相反，此时两变量之间存在负线性相关关系。如果散点整体上没有向右上方或右下方变化的趋势，说明两变量之间不存在线性相关关系。

图 4—17 反映的是 2005—2014 年中国城镇居民的人均旅游花费与人均可支配收入的关系。该图显示，10 个散点整体上向右上方变化，说明对于这 10 年而言，两变量之间存在着正线性相关关系。

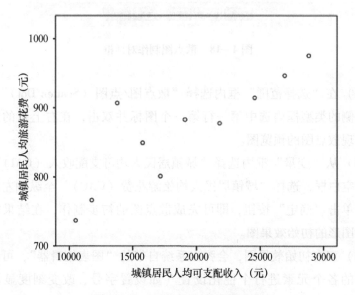

图 4—17　CAC 与 CAI 的散点图

2. 制作过程

（1）打开文件"2005—2014 年中国居民人均收入与人均旅游花费.sav"，选择"图形——图表构建器"，打开图 4—18 所示的对话框。

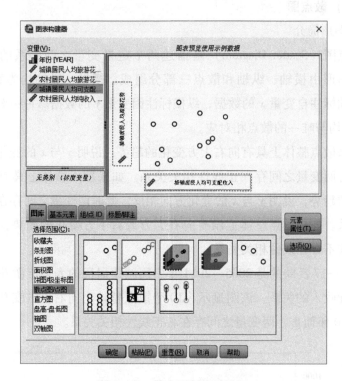

图 4—18　散点图制作对话框

（2）在"选择范围"框内选择"散点图/点图（Scatter/Dot）"，然后在其右侧的类型框内选中第一行第一个图标并双击，在右上角的预览框内会出现散点图的预览图。

（3）从"变量"框内选择"城镇居民人均可支配收入（CAI）"至横轴下的空白框，选择"城镇居民人均旅游花费（CAC）"至纵轴左侧的空白框。单击"确定"按钮，即可完成散点图的初步制作，在结果窗口中会显示图形的初始效果图。

（4）双击初始效果图，会弹出系统自带的"图表编辑器"，可在其中对图形的各个元素进行个性化设置（如设置字号、改变刻度显示方式等）。

本章习题

1. 打开文件"50 名顾客的饮料品牌偏好 . sav"。

（1）制作饮料品牌的频数分布表，并对表格进行分析。

（2）制作关于性别和饮料品牌的列联表，并对两变量的关系进行分析。

2. 打开文件"聊城市游客旅游体验满意度调查问卷第 1 部分 . sav"。

（1）制作第 7 题（对应变量为"Q7tujing_1—Q7tujing_3"）、第 8 题（对应变量为"Q8glory _ 1—Q8glory _ 3"）和第 16 题（对应变量为"Q16cost_1—Q16cost_7"）的频数分布表，并对表格进行分析。

（2）制作关于上述三个多选题变量集与性别的列联表，并对表格进行分析。

3. 打开文件"300 家餐厅的价格与质量等级数据 . sav"。

（1）制作餐价的直方图和餐价分组的条形图，对两图形进行分析并比较其异同点。

（2）制作关于餐价分组与质量等级的分组条形图、分段条形图和列联表，并对两变量的关系进行分析。

4. 打开文件"2005—2014 年中国居民人均收入与人均旅游花费 . sav"。

（1）分别制作年份（YEAR）和农村居民人均旅游花费（VAC）、城镇居民人均可支配收入（CAI）、农村人均纯收入（VAI）的折线图，并对图形进行分析。

（2）制作农村居民人均旅游花费（VAC）和农村人均纯收入（VAI）的散点图，并对图形进行分析。

5. 打开文件"2005—2014 年中国入境旅游数据 . sav"。

（1）分别制作年份和入境旅游人数、旅游外汇收入的折线图，并对图形进行分析。

（2）制作入境旅游人数和旅游外汇收入的散点图，并对图形进行分析。

本章主要参考文献

[1] 艾尔·巴比：《社会研究方法》（第10版），华夏出版社2006年版，第386—409页。

[2] 戴维·R. 安德森等：《商务与经济统计》（第11版），机械工业出版社2012年版，第20—42页。

[3] 戴维·S. 穆尔：《统计学的世界》（第5版），中信出版社2003年版，第206—244页。

[4] 道格拉斯·A. 林德等：《商务与经济统计技术》（第11版），中国人民大学出版社2005年版，第24—67页。

[5] 盖尔·詹宁斯：《旅游研究方法》，旅游教育出版社2007年版，第270—304页。

[6] 薛薇：《统计分析与SPSS的应用》（第3版），中国人民大学出版社2011年版，第77—116页。

[7] 张文彤、邝春伟：《SPSS统计分析基础教程》（第2版），高等教育出版社2011年版，第135—216页。

[8] A. J. 维尔：《休闲与旅游研究方法》（第3版），中国人民大学出版社2008年版，第246—276页。

[9] Mark L. Berenson 等：《商务统计：概念与应用》（第11版），机械工业出版社2012年版，第20—48页。

[10] 徐翠蓉等：《国内外文旅融合研究进展与启示：一个文献综述》，《旅游学刊》2020年第8期。

[11] 张燕、章杰宽：《基于Web of Science 数据库的旅游业能源消耗研究综述及启示》，《旅游导刊》2018年第2期。

第 五 章

旅游统计数据的数值描述

利用图表方法对旅游统计数据进行描述具有直观形象的优点，而利用数值方法对其进行描述则较为精确，一般用于对定量数据的描述。本章首先介绍如何利用数值描述数据的集中趋势，其次介绍如何利用数值描述数据的离散程度，最后介绍如何利用数值描述数据的位置以及进行异常值检测。

一 集中趋势的描述

对于任意一组定量数据而言，它们其实并不是静止的，所有数据均会呈现出向中心值或者某一代表值靠拢的运动趋势，统计学中称之为集中趋势（Central Tendency）。在统计分析过程中，描述数据集中趋势的数值指标主要有平均数、中位数和众数等。

（一）平均数

平均数（Mean），又称均值，是描述数据集中趋势（或集中程度、中心位置、整体特征）的一个最常用的、最重要的指标，定义为数据集中的所有数据之和除以数据的个数。描述样本数据和总体数据的集中趋势时，可分别使用样本平均数（或样本均值）和总体平均数（或总体均值）两个指标进行描述。

样本均值记为 $\bar{x}$，读作"x 拔"，对于一个含有 n 个数据的样本数据集，其均值的计算公式为 $\bar{x} = \dfrac{\sum x_i}{n}$。该公式中，$x_i$ 代表每一个样本数据，

n 代表样本数据的个数。

文件"50 名城镇居民的年收入 . sav"中的变量 Income 表示的是某城镇 50 名居民的年收入数据。这 50 名城镇居民年收入的平均数即为样本均值，利用上述公式计算的结果为 53000 元。该结果说明所有居民的年收入都会向 53000 元这一中心位置靠拢，53000 元为一典型代表值，能够较好地反映这 50 名城镇居民年收入的整体状况。

总体均值记为 μ，对于一个含有 N 个数据的总体数据集，其均值的计算公式为 $\mu = \dfrac{\sum x_i}{N}$。该公式中，$x_i$ 代表每一个总体数据，N 代表总体数据的个数。如果 50 名城镇居民所在的总体共有 50 万名城镇居民，那么这些城镇居民年收入的平均数（假定为 50000 元）即为总体均值。50000 元处于中心位置，为一典型代表值，能够较好地反映所有城镇居民年收入的整体状况。

尽管平均数在描述数据的集中趋势时应用最为普遍，但它有一个明显的缺点——易受异常值（又称极值，包括极大值和极小值）的影响。由于少数异常值的存在，会导致平均数出现偏大或偏小的现象，从而不能如实地反映整体状况。假如 50 名城镇居民中正好有一位年收入为 1 亿元的富翁，那么样本均值将不再是 53000 元，而骤然变成 200 多万元，这显然不是绝大多数城镇居民的实际收入情况（尽管这可能是他们梦寐以求的）。

要解决平均数的这一弊端，有两种有效的方法。其一是将异常值从数据之中删除，取剩余数据的调整平均数（Trimmed Mean）；其二是利用描述数据集中趋势的另一个重要指标——中位数。

（二）中位数

中位数（Median）是将数据集中的数据升序排列（从小到大排列）之后处于中心位置的数值。它将数据一分为二，有一半的数据大于或等于中位数，有一半的数据小于或等于中位数，分别从左、右两侧向中位数靠拢。

数据个数的差异，会对中位数产生一定影响。若数据个数为奇数，中位数就是处于中心位置的那个数值；若数据个数为偶数，中位数则是处于中心位置的两个相邻数据的平均数。

对 50 名城镇居民的年收入数据升序排列之后，由于数据个数为偶数，所以中位数取处于中心位置的两个相邻数据（第 25、26 个数据，其值都为 50000 元）的平均数，为 50000 元。

与平均数相比，中位数最大的优点是它不会受到极值的影响。假若第 50 名（排序之后）的年收入变为 1 亿元，处于中心位置的两个相邻数据的值并没有因此发生改变，所以中位数仍为二者的平均数 50000 元，依然能够反映绝大多数城镇居民的收入情况。

因此，当数据集中出现极值时，使用中位数描述数据的集中趋势更为合适。然而，由于平均数是基于所有数据而计算取得的，故在各类统计分析中更为常用。

（三）众数

众数（Mode）是数据集中出现频数最多的数值，是描述数据集中趋势的又一个重要指标。在一个数据集中，如果所有数值出现的频数都相同，说明此数据集无众数；如果出现频数最多的数值仅有一个，说明此数据集有单众数；如果出现频数最多的数值有两个，说明此数据集有双众数；如果出现频数最多的数值有三个及三个以上，说明此数据集有多众数。需要注意的是，如果众数太多，那么此时的众数就失去了其原本的典型性和代表性，从而没有多大意义。

在 50 名城镇居民的年收入数据集中，出现频数最多（共 7 次）的数值只有一个，因此这个数据集为单众数，其值为 47500 元。

在有些情况下，特别是数据集中的各组数据之间存在较大差异的情形下，众数在描述数据的集中趋势时比平均数、中位数更具优势。

文件"20 名城镇居民的年收入 . sav"显示的是来自两个不同地区的 20 名城镇居民的年收入数据，其中 10 名来自收入较低的 A 地区（年收入的最小值为 45000 元，最大值为 60000 元），10 名来自收入较高的 B 地区（年收入的最小值为 120000 元，最大值为 155000 元）。经计算，该数据集的平均数、中位数分别为 97000 元和 90000 元。显然，这两个数值均不能反映 A 地区和 B 地区的城镇居民年收入的整体情况。

此时，众数便具有很好的代表性。通过查看数据，该数据集中共有两个出现频数最多的数值，分别为 50000 元和 140000 元，可分别反映 A 地区和 B 地区的城镇居民年收入的整体情况。

在此例中，也可以使用平均数和中位数来描述数据的集中趋势。不过，平均数和中位数不是基于所有数据，而是基于分组之后的数据，即事先对年收入数据按地区进行分组，然后计算每个小组的平均数和中位数。通过计算，A 地区、B 地区城镇居民年收入的平均数分别为 52000 元和 142000 元，中位数分别为 50000 元和 142500 元，与上面所求得的众数值较为接近。

（四）SPSS 计算过程

以文件"50 名城镇居民的年收入 . sav"为例，求 50 名城镇居民年收入的平均数、中位数和众数。其操作过程如下：

（1）打开数据文件，选择"分析——描述统计——频率"，弹出图 5—1 左图所示的主对话框。

（2）将"年收入（Income）"选入"变量"框中，单击"统计（Statistics）"按钮，弹出图 5—1 右图所示的对话框。

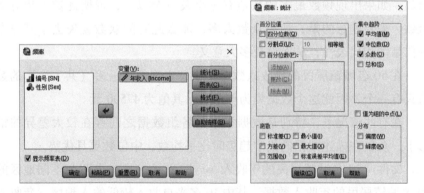

图 5—1　集中趋势描述对话框

（3）在"集中趋势（Central Tendency）"框中选中"平均值（Mean，平均数）""中位数（Median）""众数（Mode）"三个选项。然后单击"继续"按钮返回主对话框。最后单击"确定"按钮，即完成三个指标的计算。

二 离散趋势的描述

对于任意一个定量数据集，其所有数据在向中心值（或者某一代表值）靠拢的同时，又会呈现出由中心值开始向两侧分散的运动趋势，统计学中称之为离散趋势（或变异趋势，Dispersion Tendency）。在统计分析过程中，描述数据离散趋势或程度的数值指标主要有全距、方差、标准差、标准差系数等指标。

（一）全距

全距（Range），又称极差，是描述数据离散程度的最简单的指标，定义为数据集中的最大值与最小值之差。在 50 名城镇居民的年收入数据中，最小值为 30000 元，最大值为 100000 元，全距的值为 70000 元，它表明城镇居民年收入之间的最大差距为 70000 元。

在描述数据离散程度时，全距具有一个很大的弊端——它仅基于两个数值，因而受极值的影响非常大。在出现极值的情况下，全距的值会变得很大，从而不能准确描述绝大多数数据之间的离散程度。假若城镇居民年收入的最大值由 100000 元变为 1 亿元，全距会骤然增大为近 1 亿元，这一数值很明显不是绝大多数城镇居民收入差距的真实反映。

要解决全距的这一弊端，有两种有效的方法。其一是从数据集（排序之后）的两端各剔除 25% 的数据，取剩余数据的全距（四分位数间距，在本章第三节中有详述）；其二是利用描述数据离散趋势的另外的两个重要指标——方差和标准差。

（二）方差

将数据集升序排列之后，每个数据都与平均数之间存在一定的距离，这个距离称为离差。对于样本数据，离差记为 $x_i - \bar{x}$；对于总体数据，离差记为 $x_i - \mu$。在平均数左侧的数据，离差值为负数；在平均数右侧的数据，离差值为正数。离差是描述数据离散程度（或绝对位置）的一个重要指标，可以解释任一数据与平均数之间的差距，离差的绝对值越大，说明该数据与平均数之间的距离越远。

对于任一数据集而言，所有数据的离差值之和为 0。这种现象的存在，不便于进行更为深入的统计分析。基于此，统计学家以离差为基础，研究出了两个更为科学、更为适用的指标——方差（Variance）和标准差（Standard Deviation）。

方差是基于所有数据计算而得到的一个描述数据离散程度的指标。通过样本数据计算得到的方差，称为样本方差，记为 s^2；通过总体数据得到的方差，称为总体方差，记为 σ^2。方差的计算公式如表 5—1 所示。

表 5—1　　　　　　　　　　方差的计算公式

分类	公式
样本方差	$s^2 = \dfrac{\sum (x_i - \bar{x})^2}{n - 1}$
总体方差	$\sigma^2 = \dfrac{\sum (x_i - \mu)^2}{N}$

样本方差和总体方差的计算步骤基本相同。首先计算每个数据的离差，其次将各个离差平方之后再求和（此和称为离差平方和），最后再用离差平方和除以数据的个数。

在样本方差的计算公式中，分母之所以为 $n-1$，而不是 n，是由于经过统计学家长期研究表明，使用前者作为分母时，所计算出来的值能够对总体方差做出更为准确的估计。而且，当样本容量逐渐增加时，使用 $n-1$ 和使用 n 作分母，所得两个数值之间的差异会逐渐缩小，直至可忽略不计。

对于 50 名城镇居民的年收入数据，其样本方差的计算过程如表 5—2 所示。

表5—2　　　　　　　　　　　　年收入数据样本方差的计算过程

序号	年收入 x_i	样本均值 $\bar{x}$	离差 $x_i - \bar{x}$	离差平方 $(x_i - \bar{x})^2$
1	30000	53000	−23000	5.29×10^8
2	35000	53000	−18000	3.24×10^8
3	37500	53000	−15500	2.40×10^8
…	…	…	…	…
48	70000	53000	17000	2.89×10^8
49	70000	53000	17000	2.89×10^8
50	100000	53000	47000	2.21×10^9

离差平方和 $\sum (x_i - \bar{x})^2 = 6.9 \times 10^9$

样本方差 $s^2 = 6.9 \times 10^9 / (50 - 1) = 1.41 \times 10^8$

通过方差的计算公式和计算过程，不难发现，方差实质上也是一个平均数，它描述的是数据集的绝对离散程度。对于拥有相同度量单位的若干数据集，方差的值越大，说明该数据集的绝对离散程度越高；反之亦然。

通过计算公式，还不难发现，方差的度量单位是原始数据的平方。在很多情形之下（如本例中的年收入），方差的度量单位没有任何意义，故不能与平均数等指标进行比较。为了解决这个问题，统计学家将方差进行开方，从而得到描述数据离散程度的最常用的一个指标——标准差。

（三）标准差

标准差被定义为方差的正平方根。对样本方差开方之后得到的正平方根，称为样本标准差，记为 s；对总体方差开方得到的正平方根，称为总体标准差，记为 σ。标准差的计算公式如表5—3所示。

表5—3　　　　　　　　　　　标准差的计算公式

分类	公式
样本标准差	$s = \sqrt{s^2}$
总体标准差	$\sigma = \sqrt{\sigma^2}$

标准差实质上也是一个平均数，可以理解为"所有数据与平均数之间的平均距离"（由于平均数是所有数据的典型代表值，故标准差也可理解为"所有数据之间的平均差距"），用来描述数据集的绝对离散程度。对于拥有相同度量单位的若干数据集，标准差的值越大，说明该数据集的绝对离散程度越高；反之亦然。

对于 50 名城镇居民的年收入数据，其样本标准差就是样本方差 1.41×10^8 的正平方根，为 11866.61 元。它说明，50 名城镇居民的年收入与平均数 53000 元之间（或 50 名城镇居民的年收入之间）的平均差距为 11866.61 元。

（四）标准差系数

如果两个数据集拥有不同的度量单位，那么它们的标准差也会拥有不同的度量单位，因此就无法使用这个指标对数据集离散程度的高低进行比较。若要实现这两个数据集离散程度的比较，则需要引入标准差系数这一指标。

标准差系数（Coefficient of Standard Deviation），又称变异系数，被定义为标准差与平均数之商，是用来描述数据集的相对离散程度的重要指标。标准差系数也有总体与样本之分，其计算公式如表5—4所示。

表5—4   标准差系数的计算公式

分类	公式
样本标准差系数	$V_s = (s / \bar{x}) \times 100\%$
总体标准差系数	$V_\sigma = (\sigma / \mu) \times 100\%$

通过计算公式可以看出，标准差系数是标准差占平均数的比例。标准差系数的值越大，说明标准差占平均数的比例越大，即所有数据的平均差距相对于平均数的离散程度越高。对于 50 名城镇居民的年收入数据，其样本标准差系数 V_s 为（11866.61/53000）×100% = 22.39%，说明 50 名城镇居民年收入之间的平均差距占平均年收入的比例为22.39%。

文件"12 名旅游管理专业学生的起始薪金.sav"显示的是 12 名旅游

管理专业毕业生的起薪数据。通过计算，起薪数据的样本均值为 4440 元，样本标准差为 165.65 元。其样本标准差系数 V_s 则为（165.65/4440）× 100% = 3.73%，说明 12 名学生起薪之间的平均差距占平均起薪的 3.73%。

对比以上两个数据集的标准差系数 22.39% 和 3.73%，可知相对于 12 名学生的起薪数据，50 名城镇居民年收入数据的相对离散程度更高。

如果两个数据集拥有相同的度量单位，可以使用标准差对数据集绝对离散程度的高低进行比较。标准差的值较大，意味着数据集的绝对离散程度较高，但并不意味着数据集的相对离散程度也一定较高，因为相对离散程度不仅与标准差相关，还与平均数相关。

表 5—5 中的两个数据集，具有相同的度量单位（天），但具有不同的标准差和平均数。

表5—5　　　　　　　　具有相同度量单位的两个数据集

数据集 A	1	2	3	4	5	6	7	8	9
数据集 B	10	20	30	40	50	60	70	80	90

通过计算，可得数据集 A、B 的标准差分别为 2.739 天和 27.39 天，后者是前者的 10 倍，说明数据集 B 的绝对离散程度明显更高。不过，由于数据集 A、B 的平均数分别为 5 天和 50 天，后者也是前者的 10 倍。因此，两个数据集具有相同的标准差系数，它们的相对离散程度并不存在任何差异。

（五）SPSS 计算过程

以文件"50 名城镇居民的年收入.sav"为例，求 50 名城镇居民年收入的全距、方差和标准差。其操作过程如下：

（1）打开数据文件，选择"分析——描述统计——频率"，打开图 5—1 左图所示的主对话框。

（2）将"年收入（Income）"选入"变量"框中，单击"统计"按钮，弹出图 5—2 所示的对话框。

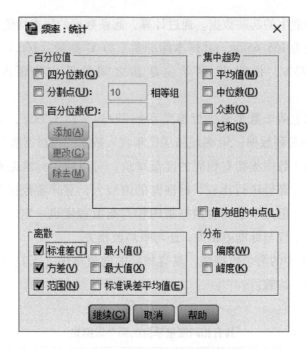

图5—2 离散趋势描述对话框

（3）在"离散（Dispersion）"框中选中"标准差（Std. deviation）""方差（Variance）"和"范围（Range，全距）"三个选项。然后单击"继续"按钮返回主对话框。最后单击"确定"按钮，即完成三个指标的计算。

在计算出数据的标准差和平均数之后，可以使用"转换——计算变量"操作命令计算数据的标准差系数。

三 数据位置的描述

在任意一个定量数据集中，每个数据均有其唯一的特定位置。在统计分析过程中，描述数据位置的常用指标有分位数和 z 分数等指标。

（一）分位数
1. 相关概念简述
将数据集中的数据升序排列之后，可将其划分为若干等份，而相邻等份之间的分割点称为分位数（Quantile）。若将数据划分为 100 等份，所需的 99 个分割点，称为百分位数（Percentile）；若将数据划分为四等份，所需的三个分割点，称为四分位数（Quartile）。

对于一组没有大量重复的数据，第 k 个百分位数（记为 p_k，k 的取值在 1—99 之间）的定义如下：它将数据一分为二，至少有 $k\%$ 的数据小于或等于此数，并且至少有 $1 - k\%$ 的数据大于或等于此数。其计算步骤如下：

（1）将数据升序排列。

（2）计算位置指数 i，其计算公式为

$$i = \left(\frac{k}{100}\right)n$$

其中，k 为所求百分位数的位次；n 为数据的个数。

（3）计算百分位数的值。

若 i 不是整数，则向上取整，比 i 大的相邻整数就是第 k 个百分位数所在的位置，这个位置上所对应的数值就是第 k 个百分位数的值。

若 i 是整数，则第 k 个百分位数的位置落在第 i 个数与第 $i+1$ 个数的中间，其值为两个数值的平均数。

对于 50 名城镇居民的年收入数据，可利用上述步骤求其第 90 个百分位数。在对数据进行升序排序之后，分别将 90 和 50 代入位置指数计算公式中，得到 i 值为 45。由于 i 值为整数，所以第 90 百分位数位于第 45 个数和第 46 个数之间，其值是 65000 元和 67500 元的平均数，为 66250 元。该值表明，至少有 90% 的城镇居民年收入小于或等于 66250 元，并且至少有 10% 的城镇居民年收入大于或等于 66250 元。

可以同样的步骤，分别得到该数据的第 25 个、第 50 个和第 75 个百分位数。它们是三个非常特殊的百分位数，一起将数据划分为四等份（各包含约 25% 的数据），故统称为四分位数。其中，第 25 个百分位数称为第一四分位数，记为 Q_1；第 50 个百分位数称为第二四分位数（又是中位数），记为 Q_2；第 75 个百分位数称为第三四分位数，记为 Q_3。

Q_3 与 Q_1 的差值，称为四分位数间距（Interquartile Range，IQR），是中间 50% 的数据的全距，是描述数据集离散程度的一个重要指标。

2. SPSS 计算过程

以文件"50 名城镇居民的年收入 . sav"为例，计算年收入数据的第 90 个百分位数和 3 个四分位数。其操作过程如下：

（1）打开数据文件，选择"分析——描述统计——频率"，打开图 5—1 左图所示的主对话框。

（2）将"年收入（Income）"选入"变量"框中，单击"统计"按钮，弹出图 5—3 所示的对话框。

图5—3 分位数计算对话框

（3）在"百分位值（Percentile Values）"框中选中"四分位数 （Quartiles）"和"百分位数（Percentile）"两个选项。然后在百分位数后面的文本框中输入"90"，再单击下面的"添加"按钮。

（4）单击"继续"按钮返回主对话框，然后单击"确定"按钮，即完成4个指标的计算。在四分位数计算出来之后，可进一步计算出四分位数间距。

（二）z 分数

1. 概念

在一个数据集中，所有数据都与平均数存在一定的距离（离差），每个数据对应着一个特定的离差，这个特定的离差值就描述了该数据在数据集中的绝对位置。离差的绝对值越大，说明该数据与平均数之间的距离越远。

对于所有数据来说，标准差描述了它们与平均数之间的平均距离。用每个数据的离差，除以标准差，就可以得到描述数据相对位置的一个极为重要的指标——z 分数（Z - Score），其计算公式如表 5—6 所示。

表 5—6　　　　　　　　　　　z 分数的计算公式

分类	公式
样本 z 分数	$z_i = \dfrac{x_i - \bar{x}}{s}$
总体 z 分数	$z_i = \dfrac{x_i - \mu}{\sigma}$

通过计算公式，可以发现，z 分数实际上是每个数据的离差相对于标准差的倍数（或个数）。z 分数的绝对值越大，说明它所对应的数据距离平均数越远。对于来自不同数据集的两个数据，如果它们的 z 分数相同，说明它们在各自数据集中的相对位置是完全相同的，尽管绝对位置可能不同。

表 5—7 显示的是 50 名城镇居民年收入数据的样本 z 分数的计算过程。$z_1 = -1.938$，说明第 1 位居民的年收入 30000 元比平均数 53000 元小 1.938 个标准差（$11866.61 \times 1.938 = 23000$ 元）；$z_{50} = 3.961$，说明第 50 位居民的年收入 100000 元比平均数 53000 元大 3.961 个标准差（$11866.61 \times 3.961 = 47000$ 元）。

表5—7　　　　　　　　　　年收入数据样本 z 分数的计算过程

序号	年收入 x_i	样本均值 $\bar{x}$	离差 $x_i - \bar{x}$	标准差 s	样本 z 分数 z_i
1	30000	53000	−23000	11866.61	−1.938
2	35000	53000	−18000	11866.61	−1.517
3	37500	53000	−15500	11866.61	−1.306
…	…	…	…	…	…
48	70000	53000	17000	11866.61	1.433
49	70000	53000	17000	11866.61	1.433
50	100000	53000	47000	11866.61	3.961

z 分数，又称标准分数（Standard Score），它的计算过程实质上就是对原始数据进行标准化的过程。对任意一个数据集中的所有数据进行标准化之后，都会生成一个新的数据集，该数据集由一系列的 z 分数构成，其平均数为 0，标准差为 1。数据的标准化，在很大程度上简化了数据的表现形式，可以更加直观地呈现每个数据的特定位置。对于不同的数据集，数据的标准化，消除了原始数据的度量单位、平均数和标准差的差异，可方便进行进一步的比较分析。

2. SPSS 计算过程

以文件"50 名城镇居民的年收入 . sav"为例，计算年收入数据的 z 分数。其操作过程如下：

1）打开数据文件，选择"分析——描述统计——描述（Descriptives）"，打开图 5—4 所示的对话框。

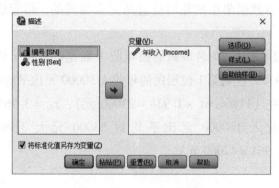

图5—4　z 分数计算对话框

2）将"年收入（Income）"选入"变量"框中，勾选"将标准化值另存为变量（Save standardized values as variables）"选项。

3）单击"确定"按钮，即完成 z 分数的计算。在原始数据文件中，会生成一个名为"ZIncome"的新变量，其变量值为 50 名居民年收入数据的 z 分数。

（三）异常值检测

异常值，又称极值，包括极大值和极小值，是一个数据集中异常大或异常小的极端值。异常值之所以产生，可能是由于录入数据时出现错误，也可能其本身就是非正常大小的数值。不管是何种原因导致，异常值的存在都会给统计分析带来较大影响（比如会影响到平均数、全距等描述指标），必须给予高度的重视和慎重的处理。

检测一个数据集中是否存在异常值，常用的方法有两种：一为 z 分数，二为盒形图。

1. z 分数

利用 z 分数判定一个数据集中是否存在异常值，其规则如下：

如果 z 分数的绝对值大于 3，则它所对应的数据即被视为异常值。

在表 5—7 中，最后一列显示的是 50 名城镇居民年收入数据的样本 z 分数。其中，最小值为 -1.938，其绝对值小于 3，说明第 1 名居民的年收入数据不属于异常值；最大值为 3.961，其绝对值大于 3，说明第 50 名居民的年收入数据属于异常值。

2. 盒形图

盒形图（Boxplot），又称箱线图，是用来描述定量数据频数分布的一种重要图形，也是异常值检测的重要方法之一。

图 5—5 所示为根据 50 名城镇居民年收入数据制作的盒形图。如图所示，盒形图的主体为一个矩形盒子，盒子的两个边界分别为 Q_1 和 Q_3，边界距离为 1 个 IQR，其中包含大约 50% 的数据。盒子的内部有一条横线，对应的是中位数 Q_2，将盒子一分为二。沿盒子的两个边界，分别向上、向下延伸 1.5 个 IQR，会得到盒形图的两个界限，下限为 $Q_1 + 1.5$IQR，上限为 $Q_3 + 1.5$IQR，下限、上限之间会包含绝大多数数据。

如果一个数据位于下限之下或者上限之上，即被视为异常值，并在

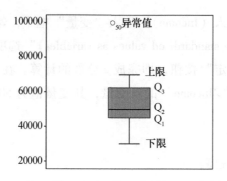

图5—5 年收入盒形图

盒形图中以"圆圈＋记录号"的形式标识出来。图5—5显示，50名城镇居民的年收入数据中，有一个为异常值，它所对应的记录号为50。

利用SPSS制作上述盒形图，其操作过程如下：

（1）打开数据文件，选择"图形——图表构建器"，打开图5—6所示的对话框。

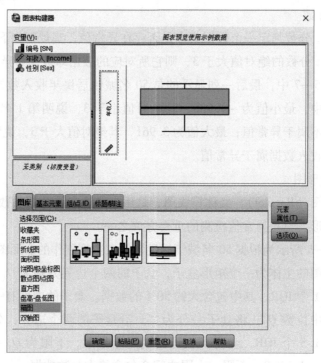

图5—6 盒形图制作对话框

（2）在"选择范围"框内选择"箱图（Boxplot，即盒形图）"，然后在其右侧的类型框内选中最右边的图标并双击，在右上角的预览框内会出现盒形图的预览图。

（3）从"变量"框内选择"年收入（Income）"至 y 轴的空白框。

（4）单击"确定"按钮，即可完成盒形图的初步制作，在结果窗口中会显示图形的初始效果图。

（5）双击初始效果图，会弹出系统自带的"图表编辑器"，可在其中对图形的各个元素进行个性化设置。

在有些情形下，分别利用盒形图和 z 分数这两种方法对异常值进行检测时，可能会得出不同的结论。究竟使用哪种检测方法，往往取决于数据集的分布形态。对于不服从正态分布（在第六章有详细论述）的数据集，盒形图更为适用。对于服从正态分布的数据集，则 z 分数更为常用。

本章习题

1. 打开文件"20 名城镇居民的年收入 . sav"。

（1）计算 20 名城镇居民年收入数据的平均数、中位数和众数。

（2）计算 20 名城镇居民年收入数据的全距、方差和标准差。

（3）对年收入数据按地区进行分组，再计算每个小组的平均数、中位数和众数，并对其集中趋势进行比较。

（4）对年收入数据按地区进行分组，再计算每个小组的全距、方差、标准差和标准差系数，并对其离散程度进行比较。

2. 打开文件"12 名旅游管理专业学生的起始薪金 . sav"。

（1）先利用百分位数的计算步骤求起始薪金数据的第 25 个、第 50 个、第 75 个和第 85 个百分位数，再利用 SPSS 进行计算。

（2）计算起始薪金数据的 z 分数，并查看是否存在异常值。

3. 打开文件"2013 年中国各地区国际旅游数据 . sav"。

（1）计算国际旅游收入（IIT）和入境游客过夜人数（NIT）的平均数、标准差和标准差系数。

（2）制作国际旅游收入（IIT）和入境游客过夜人数（NIT）的盒形图，并查看是否存在异常值。

4. 打开文件"聊城市游客旅游体验满意度调查问卷第 1 部分 . sav"。

（1）计算收入（Q6shouru）的平均数、中位数和众数。

（2）计算旅游花费（Q15cost）的方差、标准差和标准差系数。

（3）计算收入（Q6shouru）、旅游花费（Q15cost）的三个四分位数。

（4）计算收入（Q6shouru）、旅游花费（Q15cost）的 z 分数，并查看是否存在异常值。

（5）制作收入（Q6shouru）、旅游花费（Q15cost）的盒形图，并查看是否存在异常值。

本章主要参考文献

［1］艾尔·巴比：《社会研究方法》（第 10 版），华夏出版社 2006 年版，第 386—409 页。

［2］戴维·R. 安德森等：《商务与经济统计》（第 11 版），机械工业出版社 2012 年版，第 43—73 页。

［3］戴维·S. 穆尔：《统计学的世界》（第 5 版），中信出版社 2003 年版，第 254—281 页。

［4］道格拉斯·A. 林德等：《商务与经济统计技术》（第 11 版），中国人民大学出版社 2005 年版，第 69—143 页。

［5］盖尔·詹宁斯：《旅游研究方法》，旅游教育出版社 2007 年版，第 270—304 页。

［6］薛薇：《统计分析与 SPSS 的应用》（第 3 版），中国人民大学出版社 2011 年版，第 77—116 页。

［7］柯晓兰：《乡村旅游高质量发展的困境及路径优化——基于四川省 17 县（区）25 个乡镇的调查》，《资源开发与市场》2021 年第 10 期。

［8］李文明：《生态旅游环境教育效果评价实证研究》，《旅游学刊》2012 年第 12 期。

［9］张爱平：《农业文化遗产旅游地不同类型农户的农地利用行为演变分异——以哈尼梯田为例》，《旅游学刊》2020 年第 4 期。

第三篇

旅游统计数据推断

第 六 章

概率与分布

概率与分布是推断统计的理论基础。本章首先系统地介绍概率的相关概念以及概率的分配方法，其次简要地介绍随机变量的概念及其类型，最后依次介绍随机变量的 4 种常见分布形式——二项分布、超几何分布、泊松分布和正态分布。

一　概率的相关概念

（一）试验

在统计学中，试验（Experiment）是与概率密切相关的一个重要概念，被定义为任何一个可以产生明确结果的过程。试验的含义是非常广泛的，只要所有的结果有两个或两个以上，而且每次只会产生其中的一个特定结果，这一过程即被视为一项试验。表 6—1 所示的就是一些试验及其相应的结果。

表 6—1　　　　　　　　　　几项试验及其结果

试验	抛一枚硬币	掷一枚骰子	推销景点门票	询问游客性别
结果	正面、反面	1—6 点	购买、不购买	男、女

在问卷调查中，每一道题目就对应着一项或多项试验。单选题和填空题对应着一项试验，让被调查者选择每个选项或填写每个空，实际上就是进行一项试验。而多选题则对应着多项试验，由于数据输入 SPSS 时可采用二分法或分类法，因此使用不同的输入方法，会使多选题所对应

的试验数目有所不同。表6—2显示的是关于被调查者旅游花费主要构成的多选题。

表6—2 多选题示例

多选题	答案选项	试验（分类法）
您的旅游花费主要用于哪些方面？	(1) 交通　(2) 住宿　(3) 娱乐 (4) 购物　(5) 餐饮　(6) 景点 (7) 其他	您旅游花费的第一项主要用途是什么？ 您旅游花费的第二项主要用途是什么？ 您旅游花费的第三项主要用途是什么？

假设被调查者给出的最多答案个数为3个，可以利用分类法将此题目分解为3个单选题，每个单选题的答案选项与原题目相同（具体分解过程参照第三章中的表3—3）。由于每个单选题对应着一项试验，因此这个多选题就会对应着3项试验，被调查者先后给出3个答案的过程，实际上就是依次进行了这3项试验。对于此多选题，也可以使用二分法进行分解，最终分解为7个单选题，每个单选题只有"是"和"否"两个答案选项（具体分解过程参照第三章中的表3—2）。如此一来，这个多选题会对应着7项试验，被调查者选择答案的过程，实际上就是依次进行了这7项试验。

（二）事件

每次试验都会产生一个特定的结果，称为样本点，记为 E_i。一项试验所有结果（样本点）的集合，就构成了样本空间，记为 S。例如，进行掷一枚骰子的试验，其样本空间 $S = \{$ 1点，2点，3点，4点，5点，6点 $\}$。

从样本空间中，抽取一个结果或多个结果，它们的集合就是事件（Event）。例如，掷一枚骰子的试验中，发生的事件可能是"1点"，也可能是"3点"，还可能是"2点和4点的组合"，等等。

表6—3显示的是关于被调查者学历的单选题。此题目对应着一项试验，样本空间 $S = \{$ 初中及以下、高中/中专、大专、本科、研究生 $\}$。在该试验中，发生的事件可能是"学历为高中/中专"，可能是"学历为

大专以上"，等等。

表6—3   单选题示例

单选题（试验）	答案选项（样本空间）	事件
您的学历是什么？	初中及以下、高中/中专、大专、本科、研究生	学历为高中/中专、学历为大专以上……

（三）概率

概率（Probability）是用来描述一个特定事件发生可能性大小的数量指标，取值范围为 $[0, 1]$。

不同的事件，发生可能性的大小会有不同，相应的概率就会存在差异。有些事件，如水中捞月，是一定不会发生的，被称为不可能事件，其发生的概率为0；而有些事件，如瓜熟蒂落，是一定会发生的，被称为必然事件，其发生的概率为1。不可能事件与必然事件统称为确定事件。

对于绝大多数事件而言（如表6—1、6—2、6—3 中的各个事件），其发生与否存在很大的不确定性，故它们被称为不确定事件。如图6—1所示，不确定事件发生的可能性越大，相应的概率值就越大；反之亦然。与概率值为 0.3 的事件相比，概率值为 0.7 的事件发生的可能性会更大。如果事件发生的可能性与未发生的可能性相同，则相应的概率值为0.5。

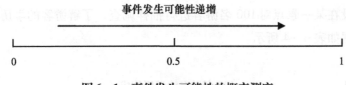

事件发生可能性递增

| 0 | 0.5 | 1 |

图6—1 事件发生可能性的概率测度

二 概率的分配方法

在不同情形下，试验结果或事件的概率分配应使用不同的方法。但无论使用何种方法，都应遵循以下两个基本要求：

第一，每个试验结果的概率取值必须在 $[0, 1]$。将试验结果 E_i 的概

率记为 $p(E_i)$，则有 $0 \leqslant p(E_i) \leqslant 1$。

第二，所有试验结果的概率之和必须等于 1。假设试验结果共有 n 个，则有 $p(E_1) + p(E_2) + \cdots + p(E_n) = 1$。

通常来说，试验结果的概率分配方法共有三种，分别为古典法、相对频数法和主观法。

（一）古典法

在所有试验结果发生的可能性完全相同的情形下，应采用古典法。假设共有 n 个试验结果，每个试验结果发生的概率则为 $1/n$。而事件作为不同试验结果的集合，它发生的概率则是各个试验结果发生的概率之和。如果一个事件包含 k 个试验结果，该事件发生的概率应为 k/n。

例如，进行一项掷一枚骰子的试验。如果这枚骰子没有灌铅，那么这项试验会出现 6 个结果，而且每个结果出现的概率会完全相同，均为 1/6。而事件"点数≥5 点"的概率为试验结果"5 点"和"6 点"的概率之和，等于 2/6。

（二）相对频数法

如果一项试验已被大量重复进行，且各个试验结果发生的可能性不全相等，在此情形下应采用相对频数法——每个试验结果发生的概率等于这个试验结果出现的频数除以所有试验结果出现的总频数。

假设在某一景点对 100 名游客进行抽样调查，了解游客的学历构成情况，数据如表 6—4 所示。

表6—4　　　　　　　　　　100 名游客的学历构成

学历	人数	学历	人数
初中及以下	16	本科	45
高中/中专	18	研究生	8
大专	13	合计	100

表 6—4 显示，学历（试验结果）为"初中及以下""高中/中专""大专""本科""研究生"的人数（频数）分别为 16、18、13、45 和 8，

它们发生的概率则分别为16%、18%、13%、45%和8%。事件"学历为专科以上"的概率为试验结果"大专""本科"和"研究生"的概率之和，等于66%。假如再对一名游客进行调查，他的学历为专科以上的概率估计约为66%。

（三）主观法

如果各个试验结果发生的可能性不全相同，而且没有相关的频数数据可以利用，古典法和相对频数法都不能适用，只能采取主观法。使用这种方法时，要尽可能地获得一切可以利用的相关资料，依据研究人员的经验和直觉感受，对试验结果发生的概率做出主观判断。由于个体之间存在着差异，所以不同的人对同一试验结果，可能会给出不同的概率值。

在天涯论坛上曾经有这样一个帖子，标题为"巴西女足绝对能赢中国男足"。对于这一场从未发生的性别大战，是没有相关频数数据可用的，而且比赛的3种结果发生的概率肯定也不会完全相同，所以使用主观法是不得已的选择。表6—5给出的是许多球迷关于比赛结果的主观判断。

表6—5　　　　　　　　　　　　主观法示例

试验	试验结果	主观判断
巴西女足 VS 中国男足	赢、平、输	我看中国女足都能赢男足。 我估计是4：0干掉中国男足。 如果都全力对打的话，巴西起码输5个。 中甲随便拉一个队去打巴西女足，都随便赢！ 不好说，比一比才知道。

综观三种概率分配方法，相对频数法在旅游研究中（特别是在定量研究中）的应用性最强，因为研究人员能够通过各种途径收集到大量的数据，并可将其作为概率分配的重要依据。而其他两种方法，或因适用条件限制严格，或因分配结果可能存在风险，故适用性较弱。

三 随机变量

在任何一项试验中，结果都是随机出现的。也就是说，在相同条件下重复进行一项试验，每次的试验结果未必相同。而对于每个试验结果，都可以赋予一个不同的数值加以描述。对试验结果进行赋值的过程，实际上就是编码的过程。编码之后所得到的一系列数值的集合，就称为随机变量（Random Variable），记为 x。例如，对表6—1 中的 4 项试验所有结果进行数值描述，可得到表6—6 所示的各个随机变量。

表6—6 几项试验结果的数值描述

试验	抛一枚硬币	掷一枚骰子	推销景点门票	询问游客性别
结果	正面、反面	1—6 点	购买、不购买	男、女
随机变量（x）	朝上币面	骰子的点数	购买意愿	游客性别
随机变量值	1、0	1—6	1、0	1、2

根据变量值性质和形式的差异，随机变量可分为离散型和连续型两种类型。

（一）离散型随机变量

离散型随机变量是指可取有限个数值或者无限个可列数值的随机变量，其变量值通常以整数的形式表现。

例如，进行一项掷一枚骰子的试验，这项试验会出现 6 个结果。令随机变量 x 代表骰子的点数，其变量值分别为 1、2、3、4、5 或 6，由于 x 的取值个数是有限的，所以它是一个离散型随机变量。

再如，在某个景点进行一项观察游客人数的试验。与掷骰子试验不同，这项试验的结果个数是不确定的。令随机变量 x 代表景点一天所接待的游客人数，由于 x 的可能取值来自整数序列 0，1，2，…，是无限个可列数值，因而它仍是一个离散型随机变量。

（二）连续型随机变量

连续型随机变量是指可在一个区间或一系列区间内任意取值的随机变量，其变量值通常以小数的形式表现。

例如，在某一景点进行一项观察游客游览时间的试验，假设景点的开放时间为8个小时。令随机变量 x 为一名游客的游览时间（单位为分钟），则 x 为一个连续型随机变量，因为它可在区间（0，480）中任意取值，比如30.5分钟、102.4分钟、256.7分钟等。

判断一个随机变量是离散型的还是连续型的，有一个较为简便的方法——在随机变量值中，任取两个相邻的整数构成一个区间，再从该区间内任取一个小数，看其是否有意义；如果有意义，则此随机变量为连续型的，反之则为离散型的。

例如，在某一景点进行一项调查游客性别构成的试验，该试验会有两个结果。令随机变量 x 为某一游客的性别，共有两个变量值1（男）和2（女）。在区间［1，2］内任取一个小数（如1.5），由于该数没有意义，所以随机变量 x 为离散型随机变量。

再如，在某一景点进行一项关于游客满意度的试验。令随机变量 x 为游客满意度分数（单位为分），它的取值范围为［0，100］。从中任取两个相邻整数55和56，构成一个区间［55，56］，再从该区间内任取一个小数（如55.5），由于该数有意义，所以随机变量 x 为连续型随机变量。

四 离散型概率分布

概率分布（Probability Distribution），简称分布，是推断统计的重要概念之一，用以描述随机变量取值的概率规律。不同类型的随机变量，具有不同的概率分布形式和性质。对于离散型的随机变量，常见的分布形式有3种，分别为二项分布、超几何分布和泊松分布。

（一）二项分布

1. 二项试验

如果一个随机变量的取值是由二项试验所得的，那么该随机变量就服从二项分布（Binomial Distribution）。一个试验要成为二项试验，必须具备如下 4 个条件：

第一，试验在相同的条件下重复进行了 n 次。

第二，每次试验只有两种可能的结果，被定义为"成功"或"失败"。这里的"成功"仅仅表示研究人员感兴趣的一个结果，并非代表它一定是一个好的结果；"失败"也是如此。

第三，在每次试验中，成功的概率（p）都相同，失败的概率（$1-p$）也相同。

第四，各次试验之间都是相互独立的，即每一次试验的结果不会对其他任何一次试验的结果产生影响。

在二项试验中，研究人员感兴趣的是在 n 次试验中结果为成功的次数。令随机变量 x 代表"成功的次数"，则 x 的可能取值为 0，1，2，…，n。由于 x 的取值个数是有限的，所以它是一个离散型随机变量。用来描述 x 取值规律的概率分布形式，就称为二项分布。

例如，假设旅行社从业人员在《旅游法》知识测试中的及格率为 95%，现对 10 名旅行社从业人员进行一项《旅游法》知识测试的试验，这项试验是否属于二项试验呢？

首先，该试验重复进行了 10 次，满足第一个条件。

其次，每次试验只有两种可能的结果——及格或不及格，满足第二个条件；假如研究人员感兴趣的结果是不及格，则不及格可被定义为"成功"，而及格则被定义为"失败"。

再次，在每次试验中，不及格（成功）的概率 p 均相同，都为 5%，而且及格（失败）的概率 $1-p$ 也相同，都为 95%。

最后，每个人的测试结果都不影响其他人的测试，所以各次试验之间都是独立的。

因此，该项试验满足二项试验的 4 个条件，属于二项试验。研究人员感兴趣的随机变量 x 为不及格人数，它的可能取值为 0，1，2，…，10，服从二项分布。

2. 概率函数

如果随机变量 x 服从二项分布，它的各个变量值所对应的概率值可以通过表 6—7 中的公式来进行计算。在该公式中，$f(x)$ 为随机变量 x 的概率函数，代表 n 次试验中有 x 次成功的概率；C 为组合的标记，n 代表试验的次数，x 代表成功的次数，p 代表每一次试验中成功的概率。

表6—7 二项分布的概率计算公式

随机变量	概率函数	计算公式
x	$f(x)$	$f(x) = C_n^x p^x (1-p)^{(n-x)}$

在《旅游法》知识测试的试验中，可以利用表6—7中的公式计算不及格人数 x 的概率，如 "$x=0$" "$x=1$" 和 "$x=2$" 的概率，如表6—8所示。而 "$x \leqslant 2$" 的概率，则是这三个概率之和，即 $0.5987 + 0.3151 + 0.0746 = 0.9884$。

表6—8 不及格人数的概率计算

x	$f(x)$	概率计算结果
0	$f(0)$	$f(0) = C_{10}^0 (0.05)^0 (0.95)^{10} = 0.5987$
1	$f(1)$	$f(1) = C_{10}^1 (0.05)^1 (0.95)^9 = 0.3151$
2	$f(2)$	$f(2) = C_{10}^2 (0.05)^2 (0.95)^8 = 0.0746$

3. 二项分布表

为了方便计算，统计学家已经研制出来较为完善的二项分布表。表6—9 显示的是二项分布表的一小部分内容。在二项分布表中，第一列代表试验的次数 n，第二列代表成功的次数 x，第一行、第二行代表每次试验中成功的概率 p。从第三行、第三列的单元格开始，其中的数值就代表 n 次试验中有 x 次成功的概率。

表6—9 二项分布表的节选部分 （$n=10$）

n	x	p					
		0.05	0.10	0.20	0.30	0.40	0.50
10	0	0.5987	0.3487	0.1074	0.0282	0.0060	0.0010
	1	0.3151	0.3874	0.2684	0.1211	0.0403	0.0098

n	x	p					
		0.05	0.10	0.20	0.30	0.40	0.50
10	2	0.0746	0.1937	0.3020	0.2335	0.1209	0.0439
	3	0.0105	0.0574	0.2013	0.2668	0.2150	0.1172
	4	0.0010	0.0112	0.0881	0.2001	0.2508	0.2051
	5	0.0001	0.0015	0.0264	0.1029	0.2007	0.2461
	6	0.0000	0.0001	0.0055	0.0368	0.1115	0.2051
	7	0.0000	0.0000	0.0008	0.0090	0.0425	0.1172
	8	0.0000	0.0000	0.0001	0.0014	0.0106	0.0439
	9	0.0000	0.0000	0.0000	0.0001	0.0016	0.0098
	10	0.0000	0.0000	0.0000	0.0000	0.0001	0.0010

在《旅游法》知识测试的试验中，可以利用表 6—9 直接查找不及格人数 x 所出现的概率，它们呈现在 $p = 0.05$ 这一列，如 "$x = 0$" 的概率为 0.5987，"$x = 1$" 的概率为 0.3151，"$x = 2$" 的概率为 0.0746，等等。

4. SPSS 函数

利用 SPSS 进行二项分布的概率计算更为简便，所使用的函数为 PDF. Binom（quant，n，prob）和 CDF. Binom（quant，n，prob）。PDF 是 probability distribution function 的缩写，译为概率分布函数（概率函数）；CDF 是 cumulative distribution function 的缩写，译为累积分布函数；Binom 为 Binomial 的缩写，即二项分布。在两个函数中，有 3 个参数：第一个为 quant，代表成功次数 x 的某一个具体值；第二个为 n，代表试验的次数；第三个为 prob，代表每一次试验中成功的概率 p。将各个参数的具体值分别输入，就会得到两个函数的计算结果——前者为 "成功的次数 $x =$ quant" 的概率值，后者为 "成功的次数 $x \leqslant$ quant" 的累积概率值。

以《旅游法》知识测试为例，计算 "不及格人数 $x = 3$" 的概率。操作步骤如下：

（1）新建一个 SPSS 空白文件，在第一行的第一个空格处任意输入一个数值，激活这个单元格。

（2）选择 "转换——计算变量"，打开图 6—2 所示的对话框。在

"目标变量"文本框中输入"p3",从"函数列表"中找到函数PDF. Binom,双击选入"数字表达式"文本框,并填入该函数的3个参数值。此例中,分别将3、10和0.05填入,单击"确定"按钮,即可得到"$x=3$"的概率,为0.0105。

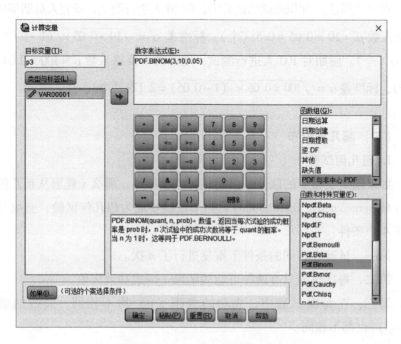

图6—2 二项分布的概率计算

5. 数学期望和标准差

在统计学中,随机变量的均值被称为数学期望(Expected Value),记为$E(x)$或μ,标准差记为σ。对于离散型随机变量x,它的数学期望的计算公式为$E(x) = \mu = \sum x_i f(x_i)$,将随机变量$x$的每个可能值乘以相应的概率,然后再求和;它的标准差的计算公式为$\sigma = \sqrt{\sum (x_i - \mu)^2 f(x_i)}$。

如果随机变量服从二项分布,其数学期望和标准差的计算过程将大大简化,计算公式如表6—10所示。

表6—10 二项分布的数学期望与标准差

随机变量	数学期望	标准差
x	$E(x) = \mu = np$	$\sigma = \sqrt{np(1-p)}$

在《旅游法》知识测试的试验中，对10人进行测试，研究人员期望的不及格人数 $\mu = 10 \times 0.05 = 0.5$（个），标准差 $\sigma = \sqrt{10 \times 0.05 \times (1 - 0.05)} = 0.689$（个）。假如对100人进行测试，期望的不及格人数 $\mu = 100 \times 0.05 = 5$（个），标准差 $\sigma = \sqrt{100 \times 0.05 \times (1 - 0.05)} = 2.179$（个）。

（二）超几何分布

1. 超几何试验

如果随机变量 x 的取值是由超几何试验所得，那么 x 就服从超几何分布（Hypergeometric Distribution）。一个试验要成为超几何试验，必须具备如下4个条件：

第一，试验在相同的条件下重复进行了 n 次。

第二，每次试验只有两种可能的结果——成功或失败。

第三，在每次试验中，成功的概率（p）均不相同，失败的概率（$1-p$）也都不相同。

第四，各次试验之间不是相互独立的，前面的试验结果会对后面的试验结果产生影响。

通过对比超几何试验与二项试验，不难发现，两种试验所必需的前两个条件完全相同，后两个条件完全相反。

在超几何试验中，研究人员感兴趣的是在 n 次试验中结果为成功的次数。令随机变量 x 代表成功的次数，由于 x 的取值个数是有限的，所以它是一个离散型随机变量。用来描述 x 取值规律的概率分布形式，就称为超几何分布。

例如，假设某酒店每天的客房清扫数量为50间，其中有5间不合格（不合格率为10%）。现质检人员从中抽取10间客房进行检查，那么这项试验是否属于超几何试验呢？

首先，该试验重复进行了10次，满足第一个条件。

其次，每次试验只有两种可能的结果——合格或不合格，满足第二个条件；假如研究人员感兴趣的结果是不合格，则不合格可被定义为成功，而合格则被定义为失败。

再次，在每次试验中，不合格（成功）的概率 p 均不相同。质检人员抽取 10 间客房，他所期望的不合格客房数量为 $10 \times 10\% = 1$（间）。在抽取第一间客房时，不合格的概率为 1/10；如果第一间客房合格，那么在抽取第二间客房时，不合格的概率则为 1/9……如果前 9 间客房都合格，那么在抽取第 10 间客房时，不合格的概率为 100%。

最后，如上所述，由于前面的检查结果会影响到后面的检查结果，所以各次试验之间不是相互独立的。

因此，该项试验满足超几何试验的 4 个条件，属于超几何试验。质检人员感兴趣的随机变量 x 为不合格客房的数量，它的可能取值为 0、1、2、3、4、5，服从超几何分布。

2. 概率函数

如果随机变量 x 服从超几何分布，它的各个变量值所对应的概率值可以通过表 6—11 中的公式来进行计算。在该公式中，$f(x)$ 为随机变量 x 的概率函数，代表 n 次试验中有 x 次成功的概率；C 为组合的标记，N 为总体容量，R 为总体之中成功的次数；n 代表样本容量（或试验的次数），x 代表样本之中成功的次数。

表 6—11　　　　　　　　超几何分布的概率计算公式

随机变量	概率函数	计算公式
x	$f(x)$	$f(x) = \dfrac{C_R^x C_{(N-R)}^{(n-x)}}{C_N^n}$

在抽检客房合格与否的试验中，可以利用表 6—11 中的公式计算不合格客房数量 x 的概率。在此例中，总体容量 N 为 50，总体中成功的次数 R 为 5，试验次数 n 为 10。"$x = 0$" "$x = 1$" 和 "$x = 2$" 的概率，显示在表 6—12 中。而 "$x \leqslant 2$" 的概率，则是这三个概率之和，即 $0.3106 + 0.4313 + 0.2098 = 0.9517$。

表6—12　　　　　　　　　　　　不合格客房数量的概率计算

x	$f(x)$	概率计算结果
0	$f(0)$	$f(0) = \dfrac{C_5^0 C_{(50-5)}^{(10-0)}}{C_{50}^{10}} = 0.3106$
1	$f(1)$	$f(1) = \dfrac{C_5^1 C_{(50-5)}^{(10-1)}}{C_{50}^{10}} = 0.4313$
2	$f(2)$	$f(2) = \dfrac{C_5^2 C_{(50-5)}^{(10-2)}}{C_{50}^{10}} = 0.2098$

3. SPSS 函数

在 SPSS 中，超几何分布的概率计算所使用的函数为 PDF. Hyper（quant，total，sample，hits）和 CDF. Hyper（quant，total，sample，hits）。Hyper 为 Hypergeometric 的缩写，即超几何分布。在两个函数中，有 4 个参数：第一个为 quant，代表成功次数 x 的某一个具体值；第二个为 total，代表总体容量 N；第三个为 sample，代表总体之中成功的次数 R；第四个为 hits，代表试验次数 n。将各个参数的具体值分别输入，就会得到两个函数的计算结果——前者为"成功的次数 $x =$ quant"的概率值，后者为"成功的次数 $x \leqslant$ quant"的累积概率值。

以抽检客房的试验为例，计算"不合格客房数量 $x \leqslant 2$"的概率。操作步骤如下：

（1）新建一个 SPSS 空白文件，在第一行的第一个空格处任意输入一个数值，激活这个单元格。

（2）选择"转换——计算变量"，打开图 6—3 所示的对话框。在"目标变量"文本框中输入"p2"，从"函数列表"中找到函数 CDF. Hyper，双击选入"数字表达式"文本框，并填入该函数的 4 个参数值。此例中，分别将 2、50、5 和 10 填入，单击"确定"按钮，即可得到"$x \leqslant 2$"的概率，为 0.9517。

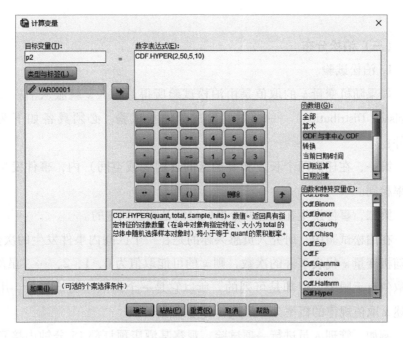

图6—3 超几何分布的概率计算

4. 数学期望和标准差

如果随机变量 x 服从超几何分布，其数学期望和标准差的计算公式如表6—13所示。

表6—13 超几何分布的数学期望与标准差

随机变量	数学期望	标准差
x	$E(x) = \mu = n\left(\dfrac{R}{N}\right)$	$\sigma = \sqrt{n\left(\dfrac{R}{N}\right)\left(1 - \dfrac{R}{N}\right)\left(\dfrac{N-n}{N-1}\right)}$

在抽检客房合格与否的试验中，对10间客房进行抽检，质检人员期望的不合格客房数量 $\mu = 10 \times (5/50) = 1$（间），标准差 $\sigma = \sqrt{10 \times (5/50) \times (1 - 5/50) \times (50 - 10)/(50 - 1)} = 0.0149$（间）。假如对20间进行测试，期望的不合格客房数量 $\mu = 20 \times (5/50) = 2$（间），标准差 $\sigma = \sqrt{20 \times (5/50) \times (1 - 5/50) \times (50 - 20)/(50 - 1)} = 1.2145$（间）。

（三）泊松分布

1. 泊松试验

如果随机变量 x 的取值是由泊松试验所得，那么 x 就服从泊松分布（Poisson Distribution）。一个试验要成为泊松试验，必须具备如下两个条件：

第一，在任意两个长度相等的区间（时间或空间）内，事件发生的概率相同。

第二，事件发生在任意两个区间之间是相互独立的。

在泊松试验中，研究人员感兴趣的是在一个区间内事件发生的次数。令随机变量 x 代表事件的次数，则 x 的可能取值为 0，1，2，…。虽然 x 的取值有无限个，但却是可列的，所以它是一个离散型随机变量。用来描述 x 取值规律的概率分布形式，称为泊松分布。

例如，管理人员进行一项试验，观察某酒店预订部 15 分钟内接到的客房预订电话数量。假定任意两个长度相等的时间段内接到一个客房预订电话的概率是相同的，并且是否接到预订电话在任意两个时间段上是相互独立的，那么随机变量 x（15 分钟内接到的预订电话数量）的取值就是由泊松试验取得的，因此服从泊松分布。

2. 概率函数

如果随机变量 x 服从泊松分布，它的各个变量值所对应的概率值可以通过表 6—14 中的公式来进行计算。在该公式中，$f(x)$ 为随机变量 x 的概率函数，代表事件在一个区间内发生 x 次的概率；x 代表事件发生的次数，μ 代表 x 的数学期望，e 为数学常量，近似值为 2.71828。

表6—14　　　　　　　　泊松分布的概率计算公式

随机变量	概率函数	计算公式
x	$f(x)$	$f(x) = \dfrac{\mu^x e^{-\mu}}{x!}$

在观察客房预订电话的试验中，假设 15 分钟内平均接到的预订电话

数量为 *10* 个，可以利用表 6—14 中的公式计算随机变量 x 的概率，如
"$x=3$""$x=4$"和"$x=5$"的概率，如表 6—15 所示。而"$3 \leqslant x \leqslant 5$"的
概率，则是这三个概率之和，即 $0.0076 + 0.0189 + 0.0378 = 0.0643$。

表 6—15　　　　　　　　　　预订电话数量的概率计算

x	$f(x)$	概率计算结果
3	$f(3)$	$f(3) = \dfrac{10^3 e^{-10}}{3!} = 0.0076$
4	$f(4)$	$f(4) = \dfrac{10^4 e^{-10}}{4!} = 0.0189$
5	$f(5)$	$f(5) = \dfrac{10^5 e^{-10}}{5!} = 0.0378$

3. 泊松分布表

为了方便计算，统计学家也已经研制出来较为完善的泊松分布表。
表 6—16 显示的是泊松分布表的一小部分内容。在泊松分布表中，第一列
代表事件发生的次数 x，第一行、第二行代表 x 的数学期望 μ。从第三行、
第二列的单元格开始，其中的数值就代表事件在一个区间内发生 x 次
的概率。

表 6—16　　　　　　　　　　泊松分布表的节选部分

x	μ				
	9.6	9.7	9.8	9.9	10
0	0.0001	0.0001	0.0001	0.0001	0.0000
1	0.0007	0.0006	0.0005	0.0005	0.0005
2	0.0031	0.0029	0.0027	0.0025	0.0023
3	0.0010	0.0093	0.0087	0.0081	0.0076
4	0.0240	0.0226	0.0213	0.0201	0.0189
5	0.0460	0.0439	0.0418	0.0398	0.0378

续表

x	μ				
	9.6	9.7	9.8	9.9	10
6	0.0736	0.0709	0.0682	0.0656	0.0631
7	0.1010	0.0982	0.0955	0.0928	0.0901
8	0.1212	0.1191	0.1170	0.1148	0.1126
9	0.1293	0.1284	0.1274	0.1263	0.1251
10	0.1241	0.1245	0.1249	0.1250	0.1251

在观察客房预订电话的试验中，可以利用表6—16直接查找随机变量 x 的概率，它们呈现在 $\mu = 10$ 这一列，如 "$x = 3$" 的概率为0.0076、"$x = 4$" 的概率为0.0189，"$x = 5$" 的概率为0.0378，等等。

4. SPSS 函数

在 SPSS 中，泊松分布的概率计算所使用的函数为 PDF. Poisson（quant，mean）和 CDF. Poisson（quant，mean）。在两个函数中，有两个参数：第一个为 quant，代表事件发生次数 x 的某一个具体值；第二个为 mean，代表 x 的数学期望 μ。将各个参数的具体值分别输入，就会得到两个函数的计算结果——前者为 "事件发生的次数 x = quant" 的概率值，后者为 "事件发生的次数 $x \leqslant$ quant" 的累积概率值。

以客房预订电话的试验为例，计算 "15 分钟内接到的预订电话数量 $x \leqslant 5$" 的概率。操作步骤如下：

（1）新建一个 SPSS 空白文件，在第一行的第一个空格处任意输入一个数值，激活这个单元格。

（2）选择 "转换——计算变量"，打开图 6—4 所示的对话框。在 "目标变量" 文本框中输入 "p5"，从 "函数列表" 中找到函数 CDF. Poisson，双击选入 "数字表达式" 文本框，并填入该函数的两个参数值。此例中，分别将 "5" 和 "10" 填入，单击 "确定" 按钮，即可得到 "$x \leqslant 5$" 的概率，为 0.0671。

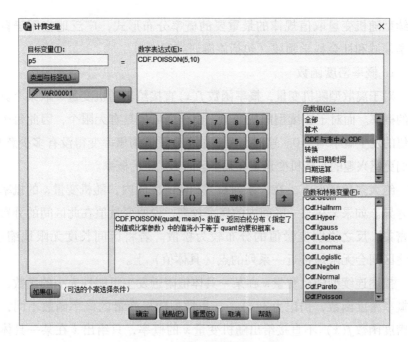

图6—4 泊松分布的概率计算

5. 数学期望和标准差

如果随机变量 x 服从泊松分布，那么它的数学期望和方差相同，均等于 μ。

在观察客房预订电话的试验中，由于 15 分钟内平均接到的预订电话数量 μ 为 10 个，因此随机变量 x 的方差为 10，标准差 $\sigma = \sqrt{10} = 3.16$（个）。

五　连续型概率分布

由于连续型随机变量和离散型随机变量在性质与形式上存在显著差别，所以两者的概率分布也存在着根本差异。对于连续型随机变量，最常见的分布形式为正态分布。

（一）正态分布

正态分布（Normal Distribution），又称常态分布、高斯分布，是描述连续型随机变量取值规律的最重要的概率分布形式，广泛地应用于自然科学领域和社会科学领域（包括旅游研究领域）。

1. 概率密度函数

对于离散型随机变量，概率函数 $f(x)$ 直接给出随机变量 x 取某个具体值的概率。而对于连续型随机变量，由于变量值具有无限个，因此每个变量值的发生概率均为 0。这时，考察单个变量值的概率变得没有多少意义，我们更感兴趣的是随机变量 x 在某个区间内发生的概率。

绝大多数情况下，在一系列长度相同的区间内，随机变量 x 的概率会有差异。如果 x 在某一区间内的概率较高，说明变量值在此区间的分布较为密集，反之说明变量值的分布较为松散。若将区间长度无限地缩小，最终区间会无限地接近一系列的点（具体值）上。

描述连续型随机变量 x 在某一具体值附近发生可能性大小的函数，称为概率密度函数，仍记为 $f(x)$。与离散型随机变量的概率函数不同，概率密度函数 $f(x)$ 不直接给出随机变量 x 的概率，只给出 x 在某一具体值附近的密度大小。

如果随机变量 x 服从正态分布，其概率密度函数的计算公式如表 6—17 所示。在该公式中，$f(x)$ 为随机变量 x 的概率密度函数，代表 x 在一个具体值附近的密度大小；μ、σ 分别代表 x 的数学期望（均值）和标准差，π、e 为数学常量，近似值分别为 3.14159 和 2.71828。

表6—17　　　　　　　　　正态分布的概率密度计算公式

随机变量	概率密度函数	计算公式
x	$f(x)$	$f(x) = \dfrac{1}{\sigma\sqrt{2\pi}} e^{-(x-\mu)^2/2\sigma^2}$

例如，假设游客的旅游花费 x 服从正态分布，均值 μ 为 500 元，标准差 σ 为 100 元。可以利用表 6—17 中的公式计算随机变量 x 的概率密度。表 6—18 显示的是 "$x=300$" "$x=500$" 和 "$x=600$" 的概率密度，分别为 0.0005、0.0040 和 0.0024。这三个数值说明，x 在 500 元附近分布最为密集，在 300 元附近分布最为松散，在 600 元附近的分布密度介于二者之间。

表6—18　　　　　　　　　　旅游花费的概率密度计算

x	f(x)	概率密度计算结果
300	f(300)	$f(300) = \dfrac{1}{100 \times \sqrt{2\pi}} e^{-(300-500)^2/2 \times 100^2} = 0.0005$
500	f(500)	$f(500) = \dfrac{1}{100 \times \sqrt{2\pi}} e^{-(500-500)^2/2 \times 100^2} = 0.0040$
600	f(600)	$f(600) = \dfrac{1}{100 \times \sqrt{2\pi}} e^{-(600-500)^2/2 \times 100^2} = 0.0024$

2. 正态分布曲线

将所有 x 值和 $f(x)$ 值所对应的点均呈现在坐标图中，就会得到如图 6—5 所示的正态分布曲线，因其颇似钟形，故又被称为钟形曲线。该曲线具有如下性质：

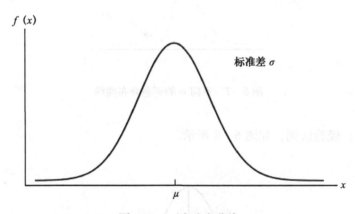

图6—5　正态分布曲线

（1）曲线的最高点在正中央，即均值 μ 所对应的位置。这一点也是 x 的中位数和众数所对应的位置。

（2）曲线以均值为中心左右对称，曲线尾部向左、右两个方向无限延伸，且在理论上永远不会与横轴相交。曲线与横轴之间的总面积为 1，以均值为中心，被一分为二，左、右两侧面积各为 0.5。

（3）均值 μ 决定着曲线在 x 轴的位置。图 6—6 显示的是具有相同的标准差、不同均值（分别为 -5、0 和 5）的三个正态分布曲线。

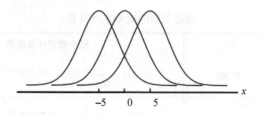

图 6—6 不同 μ 的正态分布曲线

（4）标准差 σ 决定着曲线的宽度。σ 的值越大，曲线越宽、越平，说明变量值分布越离散；σ 的值越小，曲线会越窄、越尖，说明变量值分布越集中。图 6—7 显示的是具有相同的均值、不同标准差（分别为 5 和 10）的两个正态分布曲线。

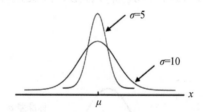

图 6—7 不同 σ 的正态分布曲线

（5）经验法则，如图 6—8 所示。

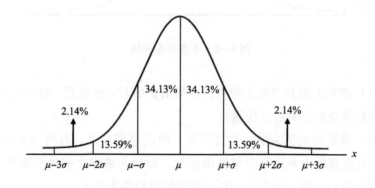

图 6—8 正态分布的经验法则

第一，大约有68.26%的变量值与均值μ之间的距离在1个标准差σ之内。

第二，大约有95.44%的变量值与均值μ之间的距离在2个标准差σ之内。

第三，大约有99.72%的变量值与均值μ之间的距离在3个标准差σ之内。

以游客旅游花费x为例，根据正态分布的经验法则，可以得出如下三个结论：

第一，大约有68.26%的游客旅游花费与均值500元之间的距离在100元之内，即在区间［400，600］之内。

第二，大约有95.44%的游客旅游花费与均值500元之间的距离在200元之内，即在区间［300，700］之内。

第三，大约有99.72%的游客旅游花费与均值500元之间的距离在300元之内，即在区间［200，800］之内。

（二）标准正态分布

如果随机变量x服从正态分布，均值为0，标准差为1，此时称x服从标准正态分布（Standard Normal Distribution），又称z分布。对于任意的正态分布，都可以使用标准化公式$z_i = \dfrac{x_i - \mu}{\sigma}$，转化为$z$分布。$z$分布是一种特殊的正态分布，它具备正态分布的所有性质。与一般的正态分布相比，z分布的变量值由一系列的z分数构成，表现形式更为简洁。

在游客旅游花费的例子中，可使用标准化公式将200、300、400、500、600、700、800转换为标准化分数，分别为－3、－2、－1、0、1、2、3，如图6—9所示。

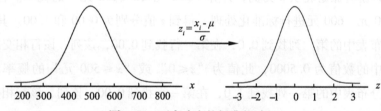

图6—9 正态分布的标准化过程

（三）标准正态分布表

如果随机变量 x 服从正态分布，x 在某一区间上的概率在许多情形下可以通过标准正态分布表（z 分布表）来求得。使用这一方法时，首先需要将 x 值（x_i）进行标准化得到相应的 z 值（z_i），然后再从表6—19所示的分布表中找到"$z \leqslant z_i$"（或 $x \leqslant x_i$）的累积概率值，最后再利用正态分布的性质计算 x 在某一区间上的概率。在分布表中，z 值（z_i）由两部分构成，分别显示在第一列和第一行，如 $z_i = 0.22$ 由第一列的 0.2 和第一行的 0.02 构成。从第二行、第二列的单元格开始，其中的数值就是"$z \leqslant z_i$"的概率，如"$z \leqslant 0.22$"的概率为 0.5871。

表6—19　　　　　　标准正态分布表的节选部分（累积概率）

z	0.00	0.01	0.02	⋯	0.09
0.0	0.5000	0.5040	0.5080	⋯	0.5359
0.1	0.5398	0.5438	0.5478	⋯	0.5753
0.2	0.5793	0.5832	0.5871	⋯	0.6141
0.3	0.6179	0.6217	0.6255	⋯	0.6517
0.4	0.6554	0.6591	0.6628	⋯	0.6879
0.5	0.6915	0.6950	0.6985	⋯	0.7224
0.6	0.7257	0.7291	0.7324	⋯	0.7549
0.7	0.7580	0.7612	0.7624	⋯	0.7852
0.8	0.7881	0.7910	0.7939	⋯	0.8133
0.9	0.8159	0.8186	0.8212	⋯	0.8389
1.0	0.8413	0.8438	0.8461	⋯	0.8621

以游客旅游花费 x 为例，计算"500 元 $\leqslant x \leqslant$ 600 元"的概率。首先，对 500 元、600 元进行标准化处理，得到 z 值分别为 0.00 和 1.00。其次，在分布表中的第一列找到 0.0，在第一行找到 0.00，该列、该行相交的单元格中的数值为 0.5000，此值为"$z \leqslant 0$"或"$x \leqslant$ 500 元"的概率。再次，分布表中的第一列找到 1.0，在第一行找到 0.00，该列、该行相交的单元格中的数值为 0.8413，此值为"$z \leqslant 1$"或"$x \leqslant$ 600 元"的概率。最

后，将两个概率值相减，即得到"$0 \leqslant z \leqslant 1$"或"500元$\leqslant x \leqslant 600$元"的概率，为 0.3413。

（四）SPSS 函数

在 SPSS 中，正态分布的概率计算所使用的函数为 CDF. Normal（quant，mean，stddev）和 IDF. Normal（prob，mean，stddev）。IDF 是 inverse distribution function 的缩写，译为逆分布函数。在两个函数中，有两个相同的参数 mean 和 stddev，分别代表 x 的数学期望 μ 和标准差 σ。在第一个函数中，参数 quant 代表随机变量 x 的某一个具体值 x_i；在第二个函数中，参数 prob 代表随机变量 x 的某一个具体值 x_i 所对应的累积概率值（$x \leqslant x_i$ 的概率值）。将各个参数的具体值分别输入，就会得到两个函数的计算结果——前者为"$x \leqslant \text{quant}(x_i)$"的累积概率值，后者为"累积概率 = prob"所对应的随机变量值 x_i。

以游客旅游花费 x 为例，计算"累积概率 = 0.9"所对应的随机变量值 $x_{0.1}$。操作步骤如下：

（1）新建一个 SPSS 空白文件，在第一行的第一个空格处任意输入一个数值，激活这个单元格。

（2）选择"转换——计算变量"，打开图 6—10 所示的对话框。在

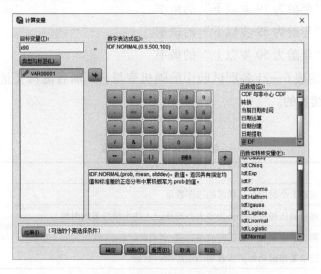

图6—10　正态分布的概率计算

"目标变量"文本框中输入"x90",从"函数列表"中找到函数 IDF. Normal,双击选入"数字表达式"文本框,并填入该函数的 3 个参数值。此例中,分别将"0.9""500""100"填入,单击"确定"按钮,即可得到"累积概率 = 0.9"所对应的 $x_{0.1} = 628.16$ 元,它说明有 90% 的游客旅游花费不超过 628.16 元。

本章习题

1. 在某一景区对 200 名游客进行调查,了解游客的年龄构成情况,数据如表 6—20 所示。

表 6—20　　　　　　　　　200 名游客的年龄构成

年龄	人数	年龄	人数
19 岁以下	71	40—49 岁	21
20—29 岁	20	50—59 岁	14
30—39 岁	67	60 岁以下	7
		合计	200

利用相对频数法计算下列试验结果或事件的概率。

（1）"年龄为 19 岁以下"的概率。

（2）"年龄为 39 岁以下"的概率。

（3）"年龄为 50 岁以上"的概率。

2. 确定表 6—21 各项试验中的随机变量,判断各随机变量是离散型的还是连续型的。

表 6—21　　　　　　　　旅游研究中的不同试验

编号	试验
1	观察 1 小时中到达景区的汽车数量
2	观察酒店接待处人员为客人办理登记入住手续所需的时间
3	调查游客在某一地区的旅游花费
4	记录某旅游局每天所收到的旅游投诉数量

3. 某一景点接待的游客中，团队游客和散客的比例为 3∶7。随机抽取 10 名游客进行试验，观察游客的出游方式。

（1）这项试验是否属于二项试验？

（2）令随机变量 x 为团队游客（成功）的人数，其数学期望和标准差为多少？

（3）分别利用概率函数、分布表和 SPSS 函数计算 "$x=4$" "$x \geqslant 3$" 和 "$x \leqslant 5$" 的概率。

4. 某酒店集团共有工作人员 1000 名，其中具有本科以上学历的人员占 5%。随机抽取 30 名工作人员，调查其学历构成情况。

（1）这项试验是否属于超几何试验？

（2）令随机变量 x 为具有本科以上学历（成功）的人数，其数学期望和标准差为多少？

（3）分别利用概率函数和 SPSS 函数计算 "$x=2$" "$x \geqslant 3$" 和 "$x \leqslant 1$" 的概率。

5. 研究人员对某旅游网站的访问人数进行调查。相关数据显示，该旅游网站每分钟内的平均访问人数为 8 人。

（1）这项试验是否属于泊松试验？

（2）令随机变量 x 为每分钟内的访问人数，其数学期望和标准差为多少？

（3）分别利用概率函数、分布表和 SPSS 函数计算 "$x=5$" "$x \geqslant 7$" 和 "$x \leqslant 4$" 的概率。

6. 假定农村居民年纯收入 x 服从正态分布，均值 μ 为 10000 元，标准差 σ 为 2000 元。

（1）根据正态分布的经验法则，可以得出什么结论？

（2）如何将此分布转换为标准正态分布？

（3）使用 z 分布表，计算 "10000 元 $\leqslant x \leqslant$ 11000 元" 的概率。

（4）使用 SPSS 函数，计算 "$x \geqslant 15000$ 元" 的概率和 "累积概率 = 0.95" 所对应的随机变量值 $x_{0.05}$。

本章主要参考文献

［1］戴维・R. 安德森等：《商务与经济统计》（第11版），机械工业出版社2012年版，第74—139页。

［2］戴维・S. 穆尔：《统计学的世界》（第5版），中信出版社2003年版，第399—482页。

［3］道格拉斯・A. 林德等：《商务与经济统计技术》（第11版），中国人民大学出版社2005年版，第169—290页。

［4］耿修林：《商务经济统计学》，科学出版社2003年版，第82—133页。

［5］张文彤、邝春伟：《SPSS统计分析基础教程》（第2版），高等教育出版社2011年版，第394—404页。

［6］Mark L. Berenson等：《商务统计概念与应用》（第11版），机械工业出版社2012年版，第114—197页。

第 七 章

抽样分布

抽样分布是推断统计的理论基础。本章首先在简要介绍抽样分布概念的基础上，系统地介绍样本均值 $\bar{x}$ 的抽样分布和样本比例 $\bar{p}$ （读作"p 拔"）的抽样分布。然后，依次介绍统计学中的三种重要的抽样分布——t 分布、χ^2 分布和 F 分布。

一　抽样分布的概念与性质

如第一章所述，用来描述样本特征的数量指标，称为样本统计量，如样本均值 $\bar{x}$、样本标准差 s 和样本比例 $\bar{p}$ 等。样本比例 $\bar{p}$ 是样本中具有某种特征的个体所占的比例，它实际上也是一个均值。假设我们进行一项调查某景区游客性别比例的试验，感兴趣的结果为男性，将其定义为成功（编码为1），而女性被定义为失败（编码为0）。若将试验进行 100 次，共有 60 个结果为成功，那么男性游客的比例就为 60%（或 0.6），而这一数字实际上就是这 100 个试验结果的均值。

文件"100 名城镇居民的年收入.sav"显示的是来自 3 个不同城镇的 100 名居民的年收入和性别数据。通过描述统计方法，可以计算各个样本统计量的值：如年收入的均值（样本均值）$\bar{x} = 52500$ 元，年收入的标准差（样本标准差）$s = 10766.11$ 元，男性比例（样本比例）$\bar{p} = 0.52$。

将上述的 100 名城镇居民作为第一个样本。假设研究人员再从 3 个城镇中随机抽取 100 名居民组成第二个样本，由于它与第一个样本具有不同的个体构成，因此可以预见两个样本的统计量（如 $\bar{x}$、s 和 $\bar{p}$）之间会存在值的差异。假如研究人员将上述抽样过程反复地进行 k 次，就会得到 k 个样本，每个样本统计量都会包含 k 个样本统计值，如表7—1所示。若将每次抽样都看成一次试验，那么每个样本统计值都可被视为一个试验结果。相应地，由 k 个统计值构成的每个样本统计量也都可被视为随机变量。各个随机变量取值的概率规律，便由抽样分布来进行描述。

表7—1 　　　　　　　　 k 个样本的统计值

编号	样本均值 $\bar{x}$	样本标准差 s	样本比例 $\bar{p}$
1	52500	10766.11	0.52
2	54000	10376.82	0.62
3	55000	10483.45	0.56
4	50500	10052.73	0.51
…	…	…	…
k	49500	9913.75	0.48

抽样分布（Sample Distribution）是样本统计量所有可能值的概率分布，最常用的有两种：一为 $\bar{x}$ 的抽样分布；二为 $\bar{p}$ 的抽样分布。

（一）$\bar{x}$ 的抽样分布

$\bar{x}$ 的抽样分布是样本均值 $\bar{x}$ 所有可能值的概率分布，具有如下三个性质。

1. 数学期望

$\bar{x}$ 的数学期望，是 $\bar{x}$ 所有可能值的均值，记为 $E(\bar{x})$，等于总体均值 μ，如表7—2所示。

表7—2 　　　　　　　 $\bar{x}$ 的数学期望与标准误差

随机变量	数学期望	标准误差
$\bar{x}$	$E(\bar{x}) = \mu$	$\sigma_{\bar{x}} = \sigma/\sqrt{n}$

在100名城镇居民的例子中，假如这100名城镇居民所在的总体共有

50 万人，年收入的均值 μ 为 50000 元，那么 100 名城镇居民年收入的均值 $\bar{x}$ 的数学期望就为 50000 元。

2. 标准误差

$\bar{x}$ 的标准差，称为均值的标准误差（Standard Error），记为 $\sigma_{\bar{x}}$，表示样本均值 $\bar{x}$ 的所有可能值与其均值 μ 之间的平均抽样误差（均值的抽样误差为样本均值 $\bar{x}$ 与总体均值 μ 之差的绝对值，即 $|\bar{x}_i - \mu|$）。其计算公式如表 7—2 所示，其中 σ 代表总体标准差，n 代表样本容量。

在 100 名城镇居民的例子中，假如 50 万名城镇居民年收入的标准差 σ 为 10000 元。那么，100 名城镇居民的年均收入 $\bar{x}$ 的标准误差 $\sigma_{\bar{x}} = 10000/\sqrt{100} = 1000$（元），它说明在所有可能出现的样本中，抽样误差的平均数为 1000 元。

3. 分布形状

如果总体数据服从正态分布，那么不管样本容量 n 大小如何，$\bar{x}$ 的抽样分布一定服从正态分布。

如果总体数据的分布形态未知，$\bar{x}$ 的抽样分布的形状可由中心极限定理（Central Limit Theorem）进行确定。该定理内容表述如下：从任意总体中抽取样本容量为 n 的简单随机样本，当样本容量很大（$n \geq 30$）时，$\bar{x}$ 的抽样分布近似服从正态分布。

若 $\bar{x}$ 的抽样分布近似服从正态分布，它应具备正态分布的所有性质，并且可以通过标准化公式转化为标准正态分布，如图 7—1 所示。$\bar{x}$ 的标准化公式为 $z_i = \dfrac{\bar{x}_i - \mu}{\sigma_{\bar{x}}} = \dfrac{\bar{x}_i - \mu}{\sigma/\sqrt{n}}$。

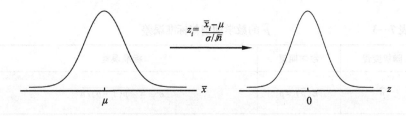

图 7—1 $\bar{x}$ 的抽样分布的标准化

在 100 名城镇居民的例子中，由于样本容量 n 为 100，属于样本容量很大的情形，所以 $\bar{x}$ 的抽样分布近似服从正态分布。在上述第一个样本中，样本均值 $\bar{x}_1$ 为 52500 元，总体均值 μ、总体标准差 σ 分别为50000 元和 10000 元。将各个数值代入标准化公式，可得样本均值 $\bar{x}_1 =$ 52500 元所对应的 z 值为 2.5。该值说明，对于这个样本，抽样误差 $(\mid \bar{x}_i - \mu \mid = \mid 52500 - 50000 \mid = 2500)$ 较大，达 2.5 个标准误差 $\sigma_{\bar{x}}$，即 $2500 = 1000 \times 2.5$。

$\bar{x}$ 的抽样分布建立了样本均值 $\bar{x}$ 与总体均值 μ 之间的概率关系，从而为总体均值 μ 的估计和假设检验奠定了基础。样本均值 $\bar{x}$ 与总体均值 μ 之间的概率关系，可以通过 z 分布表、CDF. Normal 函数和 IDF. Normal 函数进行计算。

以 100 名城镇居民的年收入为例，在样本均值 $\bar{x}$ 的所有可能值中，与总体均值 μ 的误差在 2500 元之内的概率是多少？在此例中，实际上是要计算区间 $[50000 - 2500,\ 50000 + 2500]$ 的概率，可在 SPSS 中使用 CDF. Normal 函数来实现。分别将函数的具体参数值输入，用"$\bar{x} \leqslant$ 52500"的概率值减去"$\bar{x} \leqslant 47500$"的概率值即可求得。经计算，抽样误差在 2500 元之内的概率为 0.9876。

（二）$\bar{p}$ 的抽样分布

$\bar{p}$ 的抽样分布是样本比例 $\bar{p}$ 所有可能值的概率分布，具有如下三个性质。

1. 数学期望

$\bar{p}$ 的数学期望，是 $\bar{p}$ 所有可能值的均值，记为 $E(\bar{p})$，等于总体比例 p，如表7—3 所示。

表7—3　　　　　　　　　　　　$\bar{p}$ 的数学期望与标准误差

随机变量	数学期望	标准误差
$\bar{p}$	$E(\bar{p}) = p$	$\sigma_{\bar{p}} = \sqrt{p(1-p)/n}$

在 100 名城镇居民的例子中，设样本中的男性比例为样本比例

$\bar{p}$。假如总体中男女性别比例相同，那么样本比例 $\bar{p}$ 的数学期望就为 0.5。

2. 标准误差

$\bar{p}$ 的标准差，称为比例的标准误差，记为 $\sigma_{\bar{p}}$，表示样本比例 $\bar{p}$ 的所有可能值与其均值 p 之间的平均抽样误差（比例的抽样误差为样本比例 $\bar{p}$ 与总体比例 p 之差的绝对值，即 $|\bar{p}_i - p|$）。其计算公式如表 7—3 所示。

在 100 名城镇居民的例子中，样本比例 $\bar{p}$ 的标准误差 $\sigma_{\bar{p}} = \sqrt{0.5(1-0.5)/100} = 0.05$，它说明在所有可能出现的样本中，抽样误差的平均数为 0.05。

3. 分布形状

$\bar{p}$ 的抽样分布的形状也可由中心极限定理进行确定，结论如下：从任意总体中抽取样本容量为 n 的简单随机样本，当样本容量很大 $[np \geqslant 5$ 且 $n(1-p) \geqslant 5]$ 时，$\bar{p}$ 的抽样分布近似服从正态分布。

若 $\bar{p}$ 的抽样分布近似服从正态分布，它也具备正态分布的所有性质，并且也可以通过标准化公式转化为标准正态分布，如图 7—2 所示。$\bar{p}$ 的标准化公式为 $z_i = \dfrac{\bar{p}_i - p}{\sigma_{\bar{p}}} = \dfrac{\bar{p}_i - p}{\sqrt{p(1-p)/n}}$。

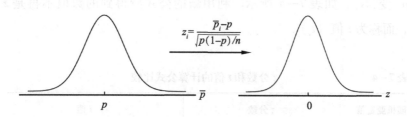

图 7—2　$\bar{p}$ 的抽样分布的标准化

在 100 名城镇居民的例子中，由于 np 和 $n(1-p)$ 均为 50，属于样本容量很大的情形，所以 $\bar{p}$ 的抽样分布近似服从正态分布。在上述第一个样本中，样本比例 $\bar{p}_1$ 为 0.52，总体比例 p 为 0.5，样本容量 n 为 100。将各个数值代入标准化公式，可得样本比例 $\bar{p}_1 = 0.52$ 所对应的 z 值为 0.4。该值说

明，对于这个样本，抽样误差（$|\bar{p}_i - p| = |0.52 - 0.5| = 0.02$）仅为 0.4 个标准误差 $\sigma_{\bar{p}}$，即 $0.02 = 0.05 \times 0.4$。

与 $\bar{x}$ 的抽样分布相类似，$\bar{p}$ 的抽样分布建立了样本比例 $\bar{p}$ 与总体比例 p 之间的概率关系，从而为总体比例 p 的估计和检验奠定了基础。样本比例 $\bar{p}$ 与总体比例 p 之间的概率关系，也可以通过 z 分布表、CDF. Normal 函数和 IDF. Normal 函数进行计算。

以 100 名城镇居民的年收入为例，在样本比例 $\bar{p}$ 的所有可能值中，与总体比例 p 的误差在 0.01 之内的概率是多少？在此例中，实际上是要计算区间 $[0.5 - 0.01, 0.5 + 0.01]$ 的概率，可在 SPSS 中使用 CDF. Normal 函数来实现。分别将函数的具体参数值输入，用"$\bar{p} \leq 0.51$"的概率值减去"$\bar{p} \leq 0.49$"的概率值即可求得。经计算，抽样误差在 0.01 之内的概率为 0.1585。

二 t 分布

（一）概念

在对 $\bar{x}$ 进行标准化时，我们假定总体标准差 σ 是已知的。然而，在大多数情况下，总体标准差 σ 却是未知的。此时，若要对 $\bar{x}$ 进行标准化，需要在标准化公式中用样本标准差 s 代替总体标准差 σ，$\bar{x}$ 的标准误差则由 $\sigma_{\bar{x}}$ 变为 $s_{\bar{x}}$，如表 7—4 所示。利用新的公式所得到的数值不再是 z 分数，而称为 t 值（t_i）。

表 7—4 z 分数和 t 值的计算公式比较

随机变量值	z 分数	t 值
$\bar{x}_i$	$z_i = \dfrac{\bar{x}_i - \mu}{\sigma_{\bar{x}}} = \dfrac{\bar{x}_i - \mu}{\sigma/\sqrt{n}}$	$t_i = \dfrac{\bar{x}_i - \mu}{s_{\bar{x}}} = \dfrac{\bar{x}_i - \mu}{s/\sqrt{n}}$

不过，t 值与 z 分数的含义相同，都表示样本均值 $\bar{x}$ 距离总体均值 μ 的标准误差的个数。t 值的绝对值越大，说明抽样误差越大，反之说明抽

样误差越小。

在城镇居民年收入的例子中，假如总体标准差 σ 未知，第一次抽样所得到的样本均值 $\bar{x}_1$ 为 52500 元，样本标准差 s 为 10766.11 元。那么，样本均值 $\bar{x}$ 的标准误差 $s_{\bar{x}} = 10766.11/\sqrt{100} = 1076.61$（元）。对于第一个样本均值 $\bar{x}_1 = 52500$ 元，对其标准化得到 $t_1 = \dfrac{52500 - 50000}{1076.61} = 2.322$，它说明这个样本的抽样误差较大，是标准误差的 2.322 倍。

对样本均值所有的可能值都进行标准化，会得到一系列的 t 值（t_i），由它们构成的随机变量称为 t，而用来描述随机变量 t 取值规律的概率分布形式就称为 t 分布。t 分布是一种连续型概率分布，是统计学中的三大抽样分布之一，在推断统计中有着非常广泛的应用。

（二）性质

t 分布具有以下两个重要的性质：

（1）t 的数学期望（均值）为 0，分布曲线以均值 0 为中心左右对称。

（2）分布曲线的形状取决于自由度（degree of freedom，df）的大小。自由度越小，曲线会越宽、越低；自由度越大，曲线会越窄、越高，越接近 z 分布，如图 7—3 所示。

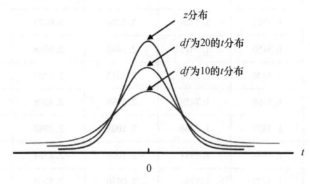

图 7—3 不同 df 的 t 分布曲线

对于样本均值 $\bar{x}$，统计学中有如下通用结论：

若总体标准差 σ 未知，无论样本容量 n 的大小如何，样本均值 $\bar{x}$ 的所有可能值在标准化之后，所得到的随机变量 t 均服从自由度 df 为 $n-1$ 的 t 分布。样本容量 n 越大，t 分布的自由度会越大；反之，t 分布的自由度会越小。在城镇居民年收入的例子中，由于样本容量 n 为 100，所以 $\bar{x}$ 经标准化之后服从自由度为 99（100－1）的 t 分布。

（三）t 分布表

随机变量 t 的概率计算，在有些情形下可以通过 t 分布表来实现。表 7—5 显示的是 t 分布表的部分内容。在分布表中，第一列为自由度 df 的值，第一行、第二行为 t 值（t_i）所对应的累积概率值（"$t \leqslant t_i$"的概率）。从第三行、第二列的单元格开始，其中的数值就是不同的累积概率所对应的随机变量值 t_i。例如，若 t 分布的自由度 df 为 14，那么"累积概率 = 0.9750"所对应的随机变量值 $t_{0.025}$ 为 2.1448。该值说明，在 t 分布中会有 97.5% 的 t 值≤2.1448。

表7—5　　　　　　t 分布表的节选部分（累积概率所对应的 t 值）

df	p				
	0.9000	0.9500	0.9750	0.9950	0.9995
11	1.3634	1.7959	2.2010	3.1058	4.4370
12	1.3522	1.7823	2.1788	3.0545	4.3178
13	1.3502	1.7709	2.1604	3.0123	4.2208
14	1.3450	1.7613	2.1448	2.9768	4.1405
15	1.3406	1.7531	2.1315	2.9467	4.0728
16	1.3368	1.7459	2.1199	2.9208	4.0150
17	1.3333	1.7396	2.1098	2.8982	3.9651
18	1.3304	1.7341	2.1009	2.8784	3.9217
19	1.3277	1.7291	2.0930	2.8069	3.8834
20	1.3253	1.7247	2.0860	2.8453	3.8495

（四）SPSS 函数

在 SPSS 中，t 分布的概率计算所使用的函数为 CDF. T（quant，df）和 IDF. T（prob，df）。在两个函数中，有一个相同的参数 df，代表 t 分布的自由度。在第一个函数中，参数 quant 代表随机变量 t 的某一个具体值 t_i；在第二个函数中，参数 prob 代表随机变量 t 的某一个具体值 t_i 所对应的累积概率值（$t \leqslant t_i$ 的概率值）。将各个参数的具体值分别输入，就会得到两个函数的计算结果——前者为"$t \leqslant$ quant（t_i）"的累积概率值，后者为"累积概率 = prob"所对应的随机变量值 t_i。

以城镇居民的年收入为例，计算"累积概率 = 0.95"所对应的随机变量值 $t_{0.05}$。操作步骤如下：

（1）新建一个 SPSS 空白文件，在第一行的第一个空格处任意输入一个数值，激活这个单元格。

（2）选择"转换——计算变量"，打开如图 7—4 所示的对话框。在"目标变量"文本框中输入"t95"，从"函数列表"中找到函数 IDF. T，双击选入"数字表达式"文本框，并填入该函数的两个参数值。此例中，

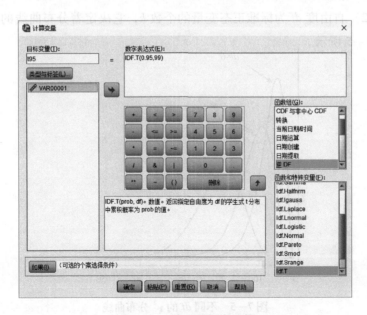

图 7—4　t 分布的概率计算

分别将 0.95、99 填入，单击"确定"按钮，即可得到"累积概率 = 0.95"所对应的 $t_{0.05}$ 为 1.6604。该值说明，在 t 分布中会有 95% 的 t 值 ≤ 1.6604。也就是说，在样本均值 $\bar{x}$ 的所有可能值中，会有 95% 的值小于或等于 $t_{0.05}$ = 1.6604 所对应的 $\bar{x}$ 值（$\bar{x}_i$ = 50000 + 1076.61 × 1.6604 = 51787.60 元）。

三　χ^2 分布

（一）概念与性质

如果随机变量 z_1，z_2，z_3，…，z_k 相互独立且均服从 z 分布，那么这 k 个标准正态变量的平方和会构成一个新的随机变量 χ^2（其计算公式为 $\chi^2 = \sum z_i^2$），用来描述随机变量 χ^2 取值规律的概率分布形式就称为 χ^2 分布（或称作卡方分布）。

χ^2 分布是一种连续型概率分布，是统计学中的三大抽样分布之一，在推断统计中也有着较为广泛的应用。该分布具有三个重要的性质：

（1）χ^2 值均为正数，分布曲线仅位于第一象限，且不对称。

（2）自由度 df 为标准正态变量的个数 k，它决定着分布曲线的形状，如图 7—5 所示。

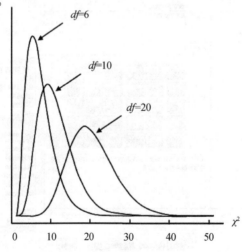

图 7—5　不同 df 的 χ^2 分布曲线

（3）χ^2 的数学期望等于自由度 k，即 $E(\chi^2) = k$；方差为 $2k$，即 $\delta^2 = 2k$。

（二）χ^2 分布表

随机变量 χ^2 的概率计算，在某些情况下可以通过 χ^2 分布表来实现。表 7—6 显示的是 χ^2 分布表的部分内容。在分布表中，第一列为自由度 df 的值，第一行、第二行为 χ^2 值（χ^2_i）所对应的累积概率值（"$\chi^2 \leqslant \chi^2_i$" 的概率）。从第三行、第二列的单元格开始，其中的数值就是不同的累积概率所对应的随机变量值 χ^2_i。例如，若 χ^2 分布的自由度 df 为 16，那么 "累积概率 = 0.990" 所对应的随机变量值 $\chi^2_{0.01}$ 为 31.9999。该值说明，在 χ^2 分布中会有 99% 的 χ^2 值 $\leqslant$ 31.9999。

表 7—6　　　　χ^2 分布表的节选部分（累积概率所对应的 χ^2 值）

df	p				
	0.900	0.950	0.975	0.990	0.995
11	17.2750	19.6751	21.9200	24.7250	26.7569
12	18.5494	21.0261	23.3367	26.2170	28.2995
13	19.8119	22.3621	24.7356	27.6883	29.8194
14	21.0642	23.6848	26.1190	29.1413	31.3193
15	22.3072	24.9958	27.4884	30.5779	32.8013
16	23.5418	26.2962	28.8454	31.9999	34.2672
17	24.7690	27.5871	30.1910	33.4087	35.7185
18	25.9894	28.8693	31.5264	34.8053	37.1564
19	27.2036	30.1435	32.8523	36.1908	38.5822
20	28.4120	31.4104	34.1696	37.5662	39.9968

（三）SPSS 函数

在 SPSS 中，χ^2 分布的概率计算所使用的函数为 CDF. Chisq（quant, df）和 IDF. Chisq（prob, df）。在两个函数中，有一个相同的参数 df，代表 χ^2 分布的自由度。在第一个函数中，参数 quant 代表随机变量 χ^2 的某一个具体值 χ^2_i；在第二个函数中，参数 prob 代表随机变量 χ^2 的某一个具体值χ_i^2所对应的累积概率值（$\chi^2 \leqslant \chi_i^2$的概率值）。将各个参数的具体值分别输入，就会得到两个函数的计算结果——前者为"$\chi^2 \leqslant$quant（χ_i^2）"的累积概率值，后者为"累积概率＝prob"所对应的随机变量值χ_i^2。

假设χ^2分布的自由度等于50，计算"累积概率＝0.95"所对应的随机变量值$\chi_{0.05}^2$。操作步骤如下：

（1）新建一个SPSS空白文件，在第一行的第一个空格处任意输入一个数值，激活这个单元格。

（2）选择"转换——计算变量"，打开如图7—6所示的对话框。在"目标变量"文本框中输入"chisq95"，从"函数列表"中找到函数IDF. Chisq，双击选入"数字表达式"文本框，并填入该函数的两个参数值。此例中，分别将0.95、50填入，单击"确定"按钮，即可得到"累积概率＝0.95"所对应的$\chi_{0.05}^2$为67.5048。该值说明，在χ^2分布中会有95%的χ^2值$\leqslant$67.5048。

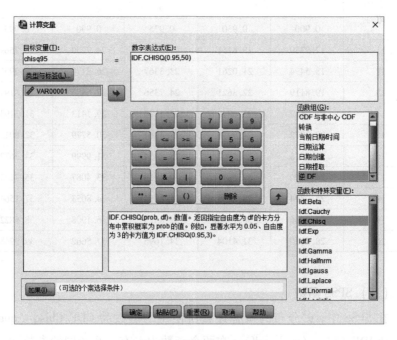

图7—6　χ^2分布的概率计算

四　F 分布

（一）概念与性质

设 x、y 为两个独立的随机变量，其中 x 服从自由度等于 k_1 的 χ^2 分布，y 服从自由度等于 k_2 的 χ^2 分布。分别用 x 除以自由度 k_1 作为分子，用 y 除以自由度 k_2 作为分母，二者的比值会构成一个新的随机变量 F（其计算公式为 $F = \dfrac{x/k_1}{y/k_2}$）。用来描述 F 取值规律的概率分布形式，就称为 F 分布。

F 分布是一种连续型概率分布，和 t 分布、χ^2 分布一起构成统计学中的三大抽样分布，在推断统计中也有着较为广泛的应用。该分布具有两个重要的性质：

（1）F 值均为正数，分布曲线仅位于第一象限，且不对称。

（2）分布曲线的形状决定于自由度 k_1 和 k_2，如图 7—7 所示。其中 k_1 称为分子自由度，k_2 称为分母自由度。

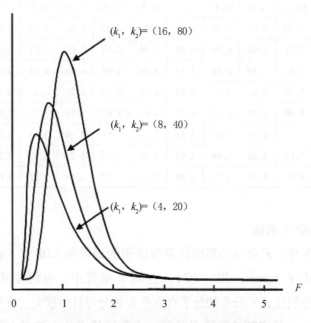

图 7—7　不同自由度的 F 分布曲线

（二）F 分布表

随机变量 F 的概率计算，有时可以通过 F 分布表来实现。表7—7 显示的是 F 分布表的部分内容。在分布表中，第一行、第二行为分子自由度 k_1 的值，第一列为分母自由度 k_2 的值。从第三行、第二列的单元格开始，其中的数值就是不同的累积概率所对应的随机变量值 F_i。例如，若 F 分布的分子自由度 k_1 为 8，分母自由度 k_2 为 4，那么"累积概率 = 0.95"所对应的随机变量 $F_{0.05}$ 为 6.04。该值说明，在 F 分布中会有 95% 的 F 值 $\leqslant 6.04$。

表7—7　　F 分布表的节选部分（累积概率 = 0.95 所对应的 F 值）

k_2	k_1									
	1	2	3	4	5	6	7	8	9	10
1	161.4	199.5	215.7	224.6	230.2	234.0	236.8	238.9	240.5	241.9
2	18.51	19.00	19.16	19.25	19.30	19.33	19.35	19.37	19.38	19.40
3	10.13	9.55	9.28	9.12	9.01	8.94	8.89	8.85	8.81	8.79
4	7.71	6.94	6.59	6.39	6.26	6.16	6.09	6.04	6.00	5.96
5	6.61	5.79	5.41	5.19	5.05	4.95	4.88	4.82	4.77	4.74
6	5.99	5.14	4.76	4.53	4.39	4.28	4.21	4.15	4.10	4.06
7	5.59	4.74	4.35	4.12	3.97	3.87	3.79	3.73	3.68	3.64
8	5.32	4.46	4.07	3.84	3.69	3.58	3.50	3.44	3.39	3.35
9	5.12	4.26	3.86	3.63	3.48	3.37	3.29	3.23	3.18	3.14
10	4.96	4.10	3.71	3.48	3.33	3.22	3.14	3.07	3.02	2.98

（三）SPSS 函数

在 SPSS 中，F 分布的概率计算所使用的函数为 CDF. F（quant，df1，df2）和 IDF. F（prob，df1，df2）。在两个函数中，有两个相同的参数 df1、df2，分别代表 F 分布的分子自由度 k_1 和分母自由度 k_2。在第一个函数中，参数 quant 代表随机变量 F 的某一个具体值 F_i；在第二个函数中，参数 prob 代表随机变量 F 的某一个具体值 F_i 所对应的累积概率值（$F \leqslant F_i$ 的概率值）。将各个参数的具体值分别输入，就会得到两个函数的计算结果——前者为"$F \leqslant \text{quant}(F_i)$"的累积概率值,后者为"累积概率 = prob"所对应的随机变量值 F_i。

假设 F 分布的分子自由度 k_1、分母自由度 k_2 分别为 15 和 3,计算"累积概率 = 0.99"所对应的随机变量值 $F_{0.01}$。操作步骤如下:

（1）新建一个 SPSS 空白文件,在第一行的第一个空格处任意输入一个数值,激活这个单元格。

（2）选择"转换——计算变量",打开图 7—8 所示的对话框。在"目标变量"文本框中输入"F99",从"函数列表"中找到函数 IDF. F,双击选入"数字表达式"文本框,并填入该函数的三个参数值。此例中,分别将 0.99、15、3 填入,单击"确定"按钮,即可得到"累积概率 = 0.99"所对应 $F_{0.01}$ 为 26.87。该值说明,在 F 分布中会有 99% 的 F 值 $\leqslant 26.87$。

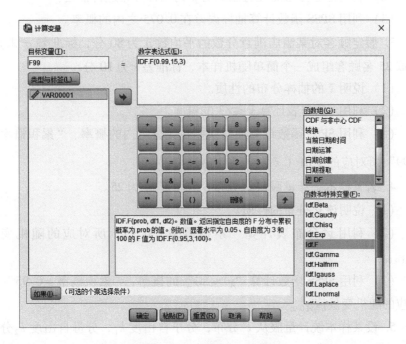

图7—8 F 分布的概率计算

本章习题

1. 假定旅游管理专业毕业生的平均起始薪金 μ 为 4000 元，标准差 σ 为 200 元。抽取 100 名毕业生组成一个简单随机样本。

（1）说明 $\bar{x}$ 的抽样分布的性质。

（2）利用正态分布的经验法则对 $\bar{x}$ 的抽样分布进行描述。

（3）分别利用 z 分布表或 SPSS 函数计算抽样误差在 50 元之内的概率。

2. 假定旅游管理专业毕业生从事本专业工作的人数比例 p 为 0.75。抽取 75 名毕业生组成一个简单随机样本。

（1）说明 $\bar{p}$ 的抽样分布的性质。

（2）利用正态分布的经验法则对 $\bar{p}$ 的抽样分布进行描述。

（3）利用 SPSS 函数计算抽样误差在 0.075 之内的概率。

3. 假定顾客对某酒店满意分数的平均数 μ 为 80 分，标准差 σ 未知。抽取 25 名顾客组成一个简单随机样本，标准差 s 为 10 分。

（1）说明 $\bar{x}$ 的抽样分布的性质。

（2）利用 t 分布表计算 $\bar{x} \leqslant 83$ 的概率。

（3）利用 SPSS 函数计算抽样误差在 5 分之内的概率、"累积概率 = 0.99" 所对应的 $\bar{x}$ 值（$\bar{x}_{0.01}$）和 t 值（$t_{0.01}$）。

4. 若某样本统计量服从 χ^2 分布，自由度 df 为 25。

（1）说明该 χ^2 分布的性质。

（2）利用 χ^2 分布表计算 "累积概率 = 0.99" 所对应的随机变量值 $\chi^2_{0.01}$。

（3）利用 SPSS 函数计算 "$\chi^2 \leqslant 20$" 的概率、"累积概率 = 0.95" 所对应的随机变量值 $\chi^2_{0.05}$。

5. 设某样本统计量服从 F 分布，分子自由度 k_1、分母自由度 k_2 分别为 12 和 2。

（1）说明该 F 分布的性质。

（2）利用 F 分布表计算 "累积概率 = 0.95" 所对应的随机变量值 $F_{0.05}$。

（3）利用 SPSS 函数计算"$F \leqslant 15$"的概率、"累积概率 $= 0.995$"所对应的随机变量值 $F_{0.005}$。

本章主要参考文献

［1］戴维·R. 安德森等：《商务与经济统计》（第 11 版），机械工业出版社 2012 年版，第 140—165 页。

［2］道格拉斯·A. 林德等：《商务与经济统计技术》（第 11 版），中国人民大学出版社 2005 年版，第 293—329 页。

［3］耿修林：《商务经济统计学》，科学出版社 2003 年版，第 134—158 页。

［4］张文彤、邝春伟：《SPSS 统计分析基础教程》（第 2 版），高等教育出版社 2011 年版，第 394—404 页。

［5］Mark L. Berenson 等：《商务统计概念与应用》（第 11 版），机械工业出版社 2012 年版，第 198—223 页。

［6］李友平：《关于社会统计中"自由度"概念的解析》，《统计与决策》2007 年第 12 期。

第 八 章

参数估计

参数估计（Parameter Estimation），是利用已知的样本统计量（如样本均值 $\bar{x}$、样本标准差 s 和样本比例 $\bar{p}$ 等）对未知的总体参数（如总体均值 μ、总体标准差 σ 和总体比例 p 等）进行估计的一种推断统计方法，是推断统计的基本内容之一。本章依次介绍参数估计的两种方法——点估计和区间估计。

一　点估计

点估计（Point Estimation）是以样本统计量的具体值直接作为总体参数估计值的估计方法。由于在抽样分布曲线中，样本统计值和总体参数值都对应着 x 轴上的某一点，所以这种以某一点值估计另一点值的方法，称为点估计。

用来进行估计的样本统计量，称为点估计量。例如，样本均值 $\bar{x}$ 是总体均值 μ 的点估计量，样本标准差 s 是总体标准差 σ 的点估计量，样本比例 $\bar{p}$ 是总体比例 p 的点估计量。

从某一特定样本中所得到的点估计量的具体值，称为点估计值。表8—1 显示的是由 100 名城镇居民构成的样本得到的 3 个点估计值和由 50 万名城镇居民构成的总体得到的 3 个总体参数值。

通过对比点估计值和总体参数值，不难发现，二者之间的误差并不是太大。正因为如此，我们可以直接将点估计值作为总体参数的估计值。

表8—1 100名城镇居民样本的点估计值

总体参数	参数值	点估计量	点估计值
μ：年收入的总体均值	50000	$\bar{x}$：年收入的样本均值	52500
σ：年收入的总体标准差	10000	s：年收入的样本标准差	10766.11
p：总体中的男性比例	0.5	$\bar{p}$：样本中的男性比例	0.52

不过，由于抽样的原因，点估计值和总体参数值会不可避免地存在着误差。在实际研究过程中，我们可以根据研究的精确度要求，将抽样误差设定在一个可以接受的范围之内。此时，对总体参数进行估计时所使用的方法为区间估计。

二 区间估计

区间估计（Interval Estimation）是以抽样分布为基础，根据点估计值、可接受的抽样误差（或设定的概率值）建立一个区间来估计总体参数的高级推断统计方法。相对于点估计，区间估计更为准确、可靠和科学。

（一）总体均值 μ 的区间估计（σ 已知的情形）

1. 区间估计原理

对总体均值 μ 进行区间估计，依据的是 $\bar{x}$ 的抽样分布。在总体标准差 σ 已知的情形下，根据中心极限定理可知，当样本容量很大（$n \geq 30$，因总体标准差 σ 已知的可能性较小，故只讨论大样本的情形），$\bar{x}$ 的抽样分布近似服从正态分布，均值 $E(\bar{x})$ 为总体均值 μ，标准误差为 $\sigma_{\bar{x}}$。

以100名城镇居民的年收入为例（$\sigma = 10000$ 元），讨论总体均值 μ 的区间估计原理。

由于样本容量 n 为100，属于大样本的情形，所以样本均值 $\bar{x}$（100名城镇居民的年均收入）的抽样分布近似地服从正态分布（图8—1），均值 $E(\bar{x})$ 为总体均值 μ（50万名城镇居民的年均收入），标准误差 $\sigma_{\bar{x}} =$

$10000/\sqrt{100} = 1000$ （元）。

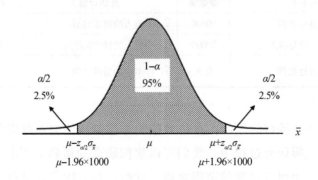

图8—1 $\bar{x}$ 的抽样分布

在图 8—1 中，$\bar{x}$ 的抽样分布曲线的总面积为 1，可划分为三部分：中间阴影部分的面积为 $1-\alpha$；下侧（左侧）、上侧（右侧）的面积均为 $\alpha/2$。与下侧面积、上侧面积相对应的两个样本均值称为临界值，分别为下侧临界值 $\mu-z_{\alpha/2}\sigma_{\bar{x}}$ 和上侧临界值 $\mu+z_{\alpha/2}\sigma_{\bar{x}}$。在此例中，我们设 $1-\alpha$ 为 95%，$\alpha/2$ 为 2.5%，则两个临界值记为 $\mu-z_{0.025}\sigma_{\bar{x}}$ 和 $\mu+z_{0.025}\sigma_{\bar{x}}$。

对 $\bar{x}$ 的抽样分布进行标准化，可得到 z 分布。利用正态分布概率计算的 SPSS 函数，可以计算出 $z_{0.025}$（它是 $\mu+z_{0.025}\sigma_{\bar{x}}$ 的标准化值）的值为 1.96。那么，两个临界值就分别为 $\mu-1.96\times1000$ 和 $\mu+1.96\times1000$，即 $\mu-1960$ 和 $\mu+1960$。

根据正态分布的性质可知：对于样本均值 $\bar{x}$ 的所有可能值，落入区间 $[\mu-1960,\ \mu+1960]$ 之内的概率为 95%。假如我们进行了 100 次抽样，得到 100 个样本均值 $\bar{x}_i$，那么就应该会有 95 个 $\bar{x}_i$ 落入区间 $[\mu-1960,\ \mu+1960]$ 之内，而只有 5 个 $\bar{x}_i$ 落在这个区间之外。

如果样本均值 $\bar{x}_i$ 落入区间 $[\mu-1960,\ \mu+1960]$ 之内，那么由它构建的区间 $[\bar{x}_i-1960,\ \bar{x}_i+1960]$ 肯定会包含总体均值 μ，反之则肯定不包含总体均值 μ。我们可以利用 100 个 $\bar{x}_i$ 来构建 100 个区间 $[\bar{x}_i-1960,\ \bar{x}_i+1960]$，其中会有 95 个包含总体均值 μ，有 5 个不包含总体均值 μ。如果从这 100 个区间之中任意抽取一个区间（如 $[52500-1960,\ 52500+1960]$），

那么这个区间包含总体均值 μ 的概率为95%（或者表述为我们有95%的把握认为这个区间会包含总体均值 μ）。

基于以上的分析原理，可以得出以下一般结论：若总体标准差 σ 已知且样本容量 $n \geqslant 30$，对于任意的样本均值 $\bar{x}_i$，我们有 $1-\alpha$ 的把握认为，由它所构建的区间 $[\bar{x}_i - z_{\alpha/2}\sigma_{\bar{x}}, \ \bar{x}_i + z_{\alpha/2}\sigma_{\bar{x}}]$（或 $\bar{x}_i \pm z_{\alpha/2}\sigma_{\bar{x}}$）会包含总体均值 μ。

2. 相关概念

在对总体均值 μ 进行区间估计时，由样本均值 $\bar{x}_i$ 构造的区间 $\bar{x}_i \pm z_{\alpha/2}\sigma_{\bar{x}}$，称为置信区间（Confidence Interval）。$z_{\alpha/2}\sigma_{\bar{x}}$ 被称为边际误差（Marginal Error），是置信区间中样本均值 $\bar{x}_i$ 与总体均值 μ 之间的最大误差值，也就是可以接受的最大抽样误差值。

每一个置信区间，都与唯一的 $1-\alpha$ 相对应。$1-\alpha$ 称为置信水平（Confidence Level），是置信区间包含总体均值 μ 的概率。置信区间的宽窄，取决于 $1-\alpha$ 的大小。$1-\alpha$ 越大，置信区间越宽，反之越窄。

常用的置信水平 $1-\alpha$ 及其在标准正态分布中所对应的上侧临界值 $z_{\alpha/2}$ 显示在表8—2中。

表8—2　　　　　　　　常用的置信水平及其对应的上侧临界值

置信水平 $1-\alpha$	α	$\alpha/2$	$z_{\alpha/2}$
90%	0.1	0.05	1.645
95%	0.05	0.025	1.96
99%	0.01	0.005	2.576

在100名城镇居民年收入的例子中，假设置信水平 $1-\alpha$ 为99%，样本均值 $\bar{x}_i$ 为52500元，那么总体均值 μ 在此水平下的置信区间为 $[52500 - 2.576 \times 1000, \ 52500 + 2.576 \times 1000]$，即 $[49924, 55076]$。

（二）总体均值 μ 的区间估计（σ 未知的情形）

1. 区间估计原理

在绝大多数情形下，总体标准差 σ 未知。此时，无论样本容量大小如何，$\bar{x}$ 的均值仍为总体均值 μ，而标准误差不再是 $\sigma_{\bar{x}}$，而是 $s_{\bar{x}}$，计算时需使用样本标准差 s 代替总体标准差 σ，即 $s_{\bar{x}} = s/\sqrt{n}$。对 $\bar{x}$ 进行标准化之后得到的一系列 t 值，服从自由度 df 为 $n-1$ 的 t 分布。

由于 t 值与 z 分数的含义相同，都表示样本均值 $\bar{x}$ 距离总体均值 μ 的标准误差的个数，而且随着自由度 df 的增加，t 分布越来越接近 z 分布，因此在总体标准差 σ 未知的情形下对总体均值 μ 进行区间估计，其原理与在总体标准差 σ 已知的情形下颇为相似。

基于此，可以得出以下的一般结论：若总体标准差 σ 未知，对于任意的样本均值 $\bar{x}_i$，我们有 $1-\alpha$ 的把握认为（或表述为在 $1-\alpha$ 的置信水平下），由它所构建的置信区间 $[\bar{x}_i - t_{\alpha/2}s_{\bar{x}}, \ \bar{x}_i + t_{\alpha/2}s_{\bar{x}}]$（或 $\bar{x}_i \pm t_{\alpha/2}s_{\bar{x}}$）会包含总体均值 μ。

在 100 名城镇居民年收入的例子中，若总体标准差 σ 未知，样本均值 $\bar{x}_i$ 为 52500 元，样本标准差 s 为 10766.11，置信水平 $1-\alpha$ 为 95%。可利用标准误差计算公式和 t 分布概率计算的 SPSS 函数，得到标准误差 $s_{\bar{x}} = 1076.61$ 元，$t_{0.025} = 1.984$。将各个数值代入 $[\bar{x}_i - t_{\alpha/2}s_{\bar{x}}, \ \bar{x}_i + t_{\alpha/2}s_{\bar{x}}]$，可得总体均值 μ 在 95% 的置信水平下的置信区间为 $[52500 - 1.984 \times 1076.61, \ 52500 + 1.984 \times 1076.61]$，即 $[50364, 54636]$。

2. SPSS 操作过程

仍以 100 名城镇居民的年收入为例，利用 SPSS 计算总体均值 μ 在 95% 的置信水平下的置信区间，操作步骤如下：

（1）打开数据文件"100 名城镇居民的年收入.sav"，选择"分析（Analyze）——比较平均值（Compare Means）——单样本 T 检验（One-Sample T Test）"，打开如图 8—2 中的左图所示的主对话框。

（2）将"年收入（Income）"选入"检验变量（Test Variable）"框中，在"检验值（Test Value）"文本框中保持默认值 0。然后单击"选项"按钮，弹出图 8—2 中右图所示的对话框。

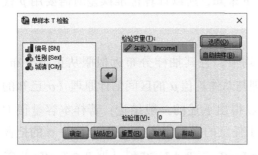

图 8—2　总体均值的区间估计对话框

（3）在"置信区间百分比（Confidence Interval Percentage）"文本框中保持默认的 95%，在"缺失值"框内保持默认的"按具体分析排除个案"（Exclude cases analysis by analysis，意为"如果拟分析的变量有缺失值，那么缺失值所在的个案即被剔除，不参与分析"。另一个按钮为"成列排除个案"，英文为 Exclude cases listwise，意为"只要任意一个变量存在缺失值，那么缺失值所在的个案即被剔除，不参与分析"）。然后，单击"继续"按钮返回主对话框。最后，单击"确定"按钮，即完成置信区间的计算。如表 8—3 的最后两列所示，总体均值 μ 在 95% 的置信水平下的置信区间为 [50364, 54636]。

表 8—3　　　　　　　　　　总体均值的区间估计结果

	检验值 =0					
	t	自由度	显著性（双尾）	均值差值	差值 95% 置信区间	
					下限	上限
年收入	48. 764	99	0. 000	52500	50364	54636

（三）总体比例 p 的区间估计

1. 区间估计原理

对总体比例 p 进行区间估计，依据的是 $\bar{p}$ 的抽样分布。根据中心极限定理可知，当样本容量很大 [$np \geqslant 5$ 且 $n(1-p) \geqslant 5$] 时，$\bar{p}$ 的抽样分布近似服从正态分布，均值 $E(\bar{p})$ 为总体比例 p，标准误差为 $\sigma_{\bar{p}} =$

$\sqrt{p(1-p)/n}$。由于总体比例 p 未知，所以计算标准误差时需要用 $\bar{p}$ 代替 p，即 $\sigma_{\bar{p}} = \sqrt{\bar{p}(1-\bar{p})/n}$。

由于 $\bar{p}$ 实际上是一个样本均值，且其抽样分布近似服从正态分布，所以总体比例 p 的区间估计原理与总体均值 μ 的区间估计原理（σ 已知的情形）完全相同。基于此，可以得出下述的一般结论：若样本容量很大 $[n\bar{p} \geqslant 5$ 且 $n(1-\bar{p}) \geqslant 5]$，对于任意的样本比例 $\bar{p}_i$，我们有 $1-\alpha$ 的把握认为，由它所构建的区间 $[\bar{p}_i - z_{\alpha/2}\sigma_{\bar{p}}, \ \bar{p}_i + z_{\alpha/2}\sigma_{\bar{p}}]$（或 $\bar{p}_i \pm z_{\alpha/2}\sigma_{\bar{p}}$）会包含总体比例 p。

以 100 名城镇居民的性别为例，假设置信水平 $1-\alpha$ 为 99%，样本比例 $\bar{p}_i$（样本中的男性比例）为 0.52。由于 $n\bar{p}$ 和 $n(1-\bar{p})$ 分别为 52 和 48，属于样本容量很大的情形，所以 $\bar{p}$ 的抽样分布近似服从正态分布。利用标准误差计算公式和表 8—2，得到标准误差 $\sigma_{\bar{p}} = 0.05$，$z_{0.005} = 2.576$。将各个数值代入 $[\bar{p}_i - z_{\alpha/2}\sigma_{\bar{p}}, \ \bar{p}_i + z_{\alpha/2}\sigma_{\bar{p}}]$，可得总体比例 p 在 99% 的置信水平下的置信区间为 $[0.52 - 2.576 \times 0.05, \ 0.52 + 2.576 \times 0.05]$，即 $[0.391, 0.649]$。

2. SPSS 操作过程

如前所述，$\bar{p}$ 实际上是一个样本均值，因而在 SPSS 中也可以近似计算总体比例 p 的置信区间，操作步骤与总体均值 μ 的区间估计过程（σ 未知的情形）完全相同。有两个注意事项：第一，利用 SPSS 计算总体比例的置信区间，依据的抽样分布为 t 分布。第二，在定义性别变量时，必须将感兴趣的变量值（此例中为男性）编码为 1，另外一个变量值（此例中为女性）编码为 0，而且必须将变量值 1 和 0 定义为定量数据（数值型），使其能够进行计算。

仍以 100 名城镇居民的性别为例，利用 SPSS 计算总体比例 p 在 99% 的置信水平下的置信区间，操作步骤如下：

（1）打开数据文件"100 名城镇居民的年收入 .sav"，选择"分析——比较平均值——单样本 T 检验"，打开图 8—3 中左图所示的主对话框。

（2）将"性别（Sex）"选入"检验变量"框中，在"检验值"文本框中保持默认值 0。然后单击"选项"按钮，弹出图 8—3 中右图所示的对话框。

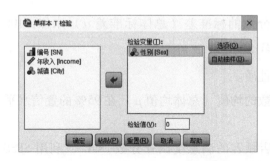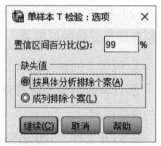

图 8—3 总体比例的区间估计对话框

（3）在"置信区间百分比"文本框中输入"99"，在"缺失值"框内保持默认的"按具体分析排除个案"。然后，单击"继续"按钮返回主对话框。最后，单击"确定"按钮，即完成置信区间的计算。如表 8—4 所示，总体比例 p 在 99% 的置信水平下的置信区间为 [0.388，0.652]，与依据正态分布所构成的置信区间 [0.391，0.649] 非常接近。

表 8—4 总体比例的区间估计结果

	检验值 = 0					
	t	自由度	显著性（双尾）	均值差值	差值 99% 置信区间	
					下限	上限
性别	10.356	99	0.000	0.520	0.388	0.652

本章习题

1. 某酒店对 100 名顾客进行满意度调查，满意分数的均值（样本均值 $\bar{x}_i$）为 82 分。

（1）假设以往调查表明，所有顾客满意分数的标准差（总体标准差 σ）为 20 分。

① 说明 $\bar{x}$ 的抽样分布的性质。

② 计算所有顾客满意分数的均值（总体均值 μ）在 95% 的置信水平下的置信区间。

（2）假如所有顾客满意分数的标准差（总体标准差 σ）未知，100 名顾客满意分数的标准差为 21 分。

① 说明 $\bar{x}$ 的抽样分布的性质。

② 计算所有顾客满意分数的均值（总体均值 μ）在 95% 的置信水平下的置信区间。

③ 打开文件"100 名酒店顾客的满意度调查分数 . sav"，利用 SPSS 计算所有顾客满意分数的均值（总体均值 μ）在 95%、99% 的置信水平下的置信区间。

2. 对某酒店集团服务人员的学历进行调查，抽取 100 名服务人员构成一个简单随机样本，其中有 25 人具有本科及以上学历。

（1）说明 $\bar{p}$（样本中具有本科及以上学历的比例）的抽样分布的性质。

（2）计算总体比例 p（总体中具有本科及以上学历的比例）在 95% 的置信水平下的置信区间。

（3）打开文件"100 名酒店服务人员的学历 . sav"，利用 SPSS 计算总体比例 p（总体中具有本科及以上学历的比例）在 95%、99% 的置信水平下的置信区间。

3. 打开文件"聊城市游客旅游体验满意度调查问卷第 1 部分 . sav"。

（1）利用 SPSS 计算所有游客的收入、逗留天数、旅游花费在 90%、95% 的置信水平下的置信区间。

（2）利用 SPSS 计算所有游客中的女性比例在 95%、99% 的置信水平下的置信区间。

本章主要参考文献

［1］戴维·R. 安德森等：《商务与经济统计》（第 11 版），机械工业出版社 2012 年版，第 166—185 页。

［2］戴维·S. 穆尔：《统计学的世界》（第 5 版），中信出版社 2003

年版，第 484—502 页。

　　[3] 道格拉斯·A. 林德等：《商务与经济统计技术》（第 11 版），中国人民大学出版社 2005 年版，第 330—368 页。

　　[4] 耿修林：《商务经济统计学》，科学出版社 2003 年版，第 159—199 页。

　　[5] 张文彤、邝春伟：《SPSS 统计分析基础教程》（第 2 版），高等教育出版社 2011 年版，第 117—143 页。

　　[6] A. J. 维尔：《休闲与旅游研究方法》（第 3 版），中国人民大学出版社 2008 年版，第 277—306 页。

　　[7] Mark L. Berenson 等：《商务统计概念与应用》（第 11 版），机械工业出版社 2012 年版，第 224—260 页。

第 九 章

假设检验

假设检验（Hypothesis Test），是事先对总体特征提出某种假设，然后利用样本信息以及抽样分布的相关理论，来判断这个假设是否成立的一种推断统计方法，是推断统计的基本内容之一。本章依次介绍总体均值的假设检验（σ 已知的情形）、总体均值的假设检验（σ 未知的情形）和总体比例的假设检验。

一 总体均值的假设检验（σ 已知的情形）

（一）原假设和备择假设

在假设检验时，我们首先需要对总体特征提出一个尝试性的假设，称为原假设（Null Hypothesis），记为 H_0。然后，再定义一个与原假设的内容完全对立的假设，称为备择假设（Alternative Hypothesis），记为 H_a，它往往是我们希望得到的结果。

在不同的情形下，假设检验的原假设 H_0 和备择假设 H_a 可采取不同的表达形式。对总体均值进行假设检验时，可采取如表 9—1 所示的三种不同的表达形式。其中，μ_0 是我们对总体均值 μ 做出的假定值。需要注意的是，表达式中的等号一定要出现在原假设 H_0 中。

根据不同的表达形式，假设检验可分为两种类型：第一种形式为双侧检验（Two-tailed Test，又称双边检验、双尾检验）；后两种形式为单侧检验（One-tailed Test，又称单边检验、单尾检验），分别为上侧检验和下侧检验。

（二）检验统计量和相伴概率

抽样分布建立了样本统计量与总体参数之间的概率关系，是进行假设

表9—1　　　　　　　　　总体均值假设检验的不同形式

编号	原假设	备择假设	类型
1	$H_0: \mu = \mu_0$	$H_a: \mu \neq \mu_0$	双侧检验
2	$H_0: \mu \leq \mu_0$	$H_a: \mu > \mu_0$	单侧检验（上侧检验）
3	$H_0: \mu \geq \mu_0$	$H_a: \mu < \mu_0$	单侧检验（下侧检验）

检验的理论基础。不同的抽样分布类型，决定了不同的假设检验工具，即检验统计量（Test Statistic）。常用的检验统计量包括 z、t、χ^2 和 F 等，其值（检验统计值）均基于样本数据计算而得。

对总体均值进行假设检验时，所依据的抽样分布为样本均值 $\bar{x}$ 的抽样分布。根据中心极限定理，如果样本容量 $n \geq 30$，样本均值 $\bar{x}$ 的抽样分布近似服从正态分布，均值为 μ（在原假设成立的情况下等于 μ_0），标准误差为 $\sigma_{\bar{x}} = \sigma/\sqrt{n}$。在总体标准差 σ 已知的情形下，对 $\bar{x}$ 进行标准化之后，会得到一系列的 z 分数，服从 z 分布。因此，总体均值的假设检验所使用的检验统计量为 z，其计算公式为 $z_i = \dfrac{\bar{x}_i - \mu_0}{\sigma_{\bar{x}}} = \dfrac{\bar{x}_i - \mu_0}{\sigma/\sqrt{n}}$。

在 z 分布曲线或样本均值 $\bar{x}$ 的抽样分布曲线中，与检验统计值 z_i（或 $\bar{x}_i$）相对应的下侧面积或上侧面积称为相伴概率（Concomitant Probability，又称实测显著性水平），记为 p-。在双侧检验中，p- 会等分为两部分，位于抽样分布曲线的下侧和上侧（图9—1）；在单侧检验中，p- 仅位于抽样分布曲线的一侧（下侧或上侧，如图9—2所示）。

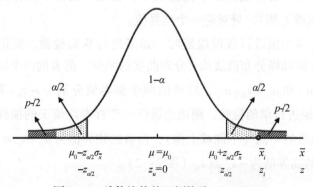

图9—1　总体均值的双侧检验（σ 已知）

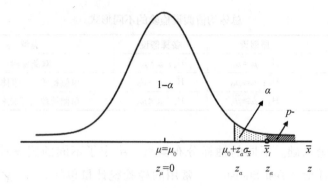

图9—2 总体均值的单侧检验（σ已知）

（三）显著性水平、拒绝域和临界值

利用样本信息对总体特征进行假设检验时，由于抽样误差的存在，错误在所难免。我们可以根据研究精度的要求，对发生错误的概率进行界定。在统计学中，若原假设 H_0 为真（成立），有时可能会被拒绝（被判断为不成立）。此类错误的概率最大允许值，称为显著性水平（Significance Level），记为 α。

在抽样分布曲线中，与显著性水平 α 相对应的下侧面积或上侧面积，称为拒绝域（Rejection Region）。拒绝域之外的曲线面积，为置信水平 $1-\alpha$。与拒绝域相对应的样本统计值，称为临界值（Critical Value）。在双侧检验中，拒绝域会等分为两部分，分别位于抽样分布曲线的下侧和上侧，对应两个临界值；在单侧检验中，拒绝域仅位于抽样分布曲线的一侧（下侧或上侧），只对应一个临界值。

在对总体均值进行假设检验时，如果进行双侧检验，则拒绝域位于样本均值 $\bar{x}$ 的抽样分布曲线或 z 分布曲线的两侧，前者的两个临界值分别为 $\mu_0 - z_{\alpha/2}\sigma_{\bar{x}}$ 和 $\mu_0 + z_{\alpha/2}\sigma_{\bar{x}}$，后者的两个临界值分别为 $-z_{\alpha/2}$ 和 $z_{\alpha/2}$（图9—1）。如果进行单侧检验，则拒绝域仅位于样本均值 $\bar{x}$ 的抽样分布曲线或 z 分布曲线的一侧（下侧或上侧）；前者的临界值为 $\mu_0 - z_{\alpha}\sigma_{\bar{x}}$ 或 $\mu_0 + z_{\alpha}\sigma_{\bar{x}}$，后者的临界值为 $-z_{\alpha}$ 或 z_{α}（图9—2）。

（四）假设检验的原理

假设检验的原理与区间估计的原理有着密切的联系，使用逻辑上的逆否命题思想。

1. 总体均值的双侧检验原理

设显著性水平 $\alpha = 0.05$，则置信水平 $1 - \alpha = 0.95$，样本均值 $\bar{x}$ 的抽样分布曲线中的两个临界值分别为 $\mu_0 - z_{0.025}\sigma_{\bar{x}}$ 和 $\mu_0 + z_{0.025}\sigma_{\bar{x}}$，即 $\mu_0 - 1.96\,\sigma_{\bar{x}}$ 和 $\mu_0 + 1.96\,\sigma_{\bar{x}}$（见图 9—3）。

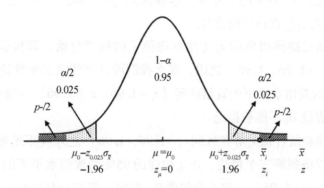

图 9—3　总体均值的双侧检验（σ 已知，$\alpha = 0.05$）

如果原假设 H_0：$\mu = \mu_0$ 成立，根据样本均值 $\bar{x}$ 的抽样分布的性质，我们可以得到第一个推论：有 95% 的样本均值 $\bar{x}_i$ 会落在区间 $[\mu_0 - 1.96\,\sigma_{\bar{x}}$，$\mu_0 + 1.96\,\sigma_{\bar{x}}]$ 之内，仅有 5% 的样本均值 $\bar{x}_i$ 会落在该区间之外（拒绝域内）。

如果通过抽样得到的样本均值 $\bar{x}_i$ 落在区间 $[\mu_0 - 1.96\,\sigma_{\bar{x}}$，$\mu_0 + 1.96\,\sigma_{\bar{x}}]$ 之内，那么我们可以根据区间估计的原理得到第二个推论：总体均值 μ 在 95% 的置信水平下的置信区间 $[\bar{x}_i - 1.96\,\sigma_{\bar{x}}$，$\bar{x}_i + 1.96\,\sigma_{\bar{x}}]$ 一定会包含总体均值 μ 的假定值 μ_0。此时，原假设 H_0 不能被拒绝。

如果样本均值 $\bar{x}_i$ 落在区间 $[\mu_0 - 1.96\,\sigma_{\bar{x}}$，$\mu_0 + 1.96\,\sigma_{\bar{x}}]$ 之外（拒绝域内），那么我们依然可以根据区间估计的原理得到第三个推论：总体均值 μ 在 95% 的置信水平下的置信区间 $[\bar{x}_i - 1.96\,\sigma_{\bar{x}}$，$\bar{x}_i + 1.96\,\sigma_{\bar{x}}]$ 一定不会包含总体均值 μ 的假定值 μ_0。此时，我们会有 95% 的把握拒绝原假设 H_0。

由于样本均值 $\bar{x}$ 的抽样分布可标准化为 z 分布，可利用 z 分布对假设检验的原理进行进一步叙述。在样本均值 $\bar{x}$ 经过标准化之后，原来的两个临界值会对应 z 分布曲线中的两个临界值 $-z_{0.025}$ 和 $z_{0.025}$，即 -1.96 和 1.96。总体均值 μ_0 会对应 z 分布曲线中的均值 0（记为 z_μ），那么原假设 H_0：$\mu = \mu_0$ 则等同于 H_0：$z_\mu = 0$。

如果原假设 H_0：$z_\mu = 0$ 成立，那么根据 z 分布的性质，我们可以得到第一个推论：有 95% 的 z 分数会落在区间 $[-1.96, 1.96]$ 之内，仅有 5% 的 z 分数会落在该区间之外。

如果通过抽样得到的 z_i（样本均值 $\bar{x_i}$ 的标准化值，即检验统计值）落在区间 $[-1.96, 1.96]$ 之内，那么我们可以得到第二个推论：由 z_i 构建的 95% 的置信水平下的置信区间 $[z_i - 1.96, z_i + 1.96]$ 一定会包含 0。此时，原假设 H_0 不能被拒绝。

如果检验统计值 z_i 落在区间 $[-1.96, 1.96]$ 之外（拒绝域内），那么我们可以得到第三个推论：由 z_i 构建的 95% 的置信水平下的置信区间 $[z_i - 1.96, z_i + 1.96]$ 一定不会包含 0。此时，我们会有 95% 的把握拒绝原假设 H_0。

基于以上分析，我们可以对总体均值的双侧检验原理（σ 已知的情形）简述如下：如果 H_0：$\mu = \mu_0$ 成立，那么检验统计值 z_i 仅有 α 的概率落在拒绝域内；如果通过抽样所得到的检验统计值 z_i 落在拒绝域内，那么我们就有 $1 - \alpha$ 的把握拒绝原假设（同时也意味着我们有 $1 - \alpha$ 的把握认为备择假设成立）。

2. 总体均值的单侧检验原理

我们先考虑上侧检验的情形，其原假设为 H_0：$\mu \leqslant \mu_0$。在进行上侧检验时，只需要检验 $\mu = \mu_0$ 是否成立即可。其原因在于，如果 $\mu = \mu_0$ 没有被拒绝，那么原假设 H_0 就不能被拒绝；如果 $\mu = \mu_0$ 被拒绝，由于拒绝域位于抽样分布曲线的上侧，$\mu < \mu_0$ 一定会被拒绝。

设显著性水平 $\alpha = 0.05$，则置信水平 $1 - \alpha = 0.95$，样本均值 $\bar{x}$ 的抽样分布曲线中的临界值为 $\mu_0 + z_{0.05} \sigma_{\bar{x}}$，即 $\mu_0 + 1.645 \sigma_{\bar{x}}$（见图 9—4）。

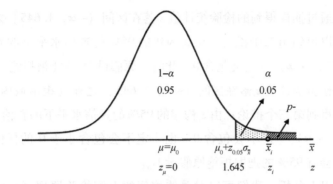

图9—4　总体均值的上侧检验（σ 已知，$\alpha = 0.05$）

如果 $\mu = \mu_0$ 成立，根据样本均值 $\bar{x}$ 的抽样分布的性质，我们可以得到第一个推论：会有95%的样本均值 $\bar{x}_i$ 落在区间 $(-\infty,\ \mu_0 + 1.645\ \sigma_{\bar{x}}]$ 之内，仅有5%的样本均值 $\bar{x}_i$ 会落在该区间之外（拒绝域内）。

如果通过抽样得到的样本均值 $\bar{x}_i$ 落在区间 $(-\infty,\ \mu_0 + 1.645\ \sigma_{\bar{x}}]$ 之内，那么我们得到第二个推论：总体均值 μ 在95%的置信水平下的置信区间 $[\bar{x}_i - 1.645\ \sigma_{\bar{x}},\ +\infty)$ （这个置信区间称为单侧置信区间，估计原理与第八章的置信区间估计原理非常相似）一定会包含总体均值 μ 的假定值 μ_0。此时，原假设 H_0 不能被拒绝。

如果样本均值 $\bar{x}_i$ 落在区间 $(-\infty,\ \mu_0 + 1.645\ \sigma_{\bar{x}}]$ 之外（拒绝域内），那么我们可以得到第三个推论：总体均值 μ 在95%的置信水平下的置信区间 $[\bar{x}_i - 1.645\ \sigma_{\bar{x}},\ +\infty)$ 一定不会包含总体均值 μ 的假定值 μ_0，也一定不会包含小于 μ_0 的值。此时，我们会有95%的把握拒绝原假设 H_0。

与双侧检验一样，我们也可利用 z 分布对上侧检验的原理进行进一步叙述。在样本均值 $\bar{x}$ 经过标准化之后，原来的临界值会对应 z 分布曲线中的临界值 $z_{0.05}$，即1.645。总体均值 μ_0 会对应 z 分布曲线中的均值0（记为 z_μ），那么原假设 $H_0 : \mu \leq \mu_0$ 则等同于 $H_0 : z_\mu \leq 0$。在进行假设检验时，只需要检验 $z_\mu = 0$ 是否成立即可。

如果原假设 $z_\mu = 0$ 成立，那么根据 z 分布的性质，我们可以得到第一个推论：有95%的 z 分数会落在区间 $(-\infty,\ 1.645]$ 之内，仅有5%的 z 分数会落在该区间之外。

如果通过抽样得到的检验统计值 z_i 落在区间 $(-\infty, 1.645]$ 之内，那么我们可以得到第二个推论：由 z_i 构建的 95% 的置信水平下的置信区间 $[z_i-1.645, +\infty)$ 一定会包含 0。此时，原假设 H_0 不能被拒绝。

如果检验统计值 z_i 落在区间 $(-\infty, 1.645]$ 之外（拒绝域内），那么我们可以得到第三个推论：由 z_i 构建的 95% 的置信水平下的置信区间 $[z_i-1.645, +\infty)$ 一定不会包含 0，也一定不会包含小于 0 的任何值。此时，我们会有 95% 的把握拒绝原假设 H_0。

基于以上分析，我们可以对总体均值的上侧检验原理（σ 已知的情形，原假设 H_0：$\mu \leqslant \mu_0$）简述如下：如果原假设成立，那么检验统计值 z_i 仅有 α 的概率落在上侧的拒绝域内；如果通过抽样所得到的检验统计值 z_i 落在上侧的拒绝域内，那么我们就有 $1-\alpha$ 的把握拒绝原假设。

利用同样的思路，我们也可以对原假设 H_0：$\mu \geqslant \mu_0$ 的下侧检验原理进行如下表述：如果原假设成立，那么检验统计值 z_i 仅有 α 的概率落在下侧的拒绝域内；如果通过抽样所得到的检验统计值 z_i 落在下侧的拒绝域内，那么我们就有 $1-\alpha$ 的把握拒绝原假设。

（五）拒绝法则

如果检验统计值 z_i 落在拒绝域内，我们还可以得到如下两个推论：

（1）对于双侧检验，检验统计值 z_i 的绝对值一定大于临界值 $z_{\alpha/2}$，即 $|z_i| > z_{\alpha/2}$（或者表述为 $z_i > z_{\alpha/2}$ 或 $z_i < -z_{\alpha/2}$）；对于上侧检验，检验统计值 z_i 一定大于临界值 z_α，即 $z_i > z_\alpha$；对于下侧检验，检验统计值 z_i 一定小于临界值 $-z_\alpha$，即 $z_i < -z_\alpha$。

（2）对于双侧检验，与检验统计值 z_i 相对应的相伴概率 $p-$ 一定小于显著性水平 α，即 $p- < \alpha$；对于上侧检验和下侧检验，与检验统计值 z_i 相对应的相伴概率 $p-$ 也一定小于显著性水平 α，即 $p- < \alpha$。

根据这两个推论，可以得到对总体均值进行假设检验（σ 已知的情形）的两种拒绝法则：

（1）临界值法：对于双侧检验，若 $|z_i| > z_{\alpha/2}$，则我们有 $1-\alpha$ 的把握拒绝原假设 H_0（或表述为原假设 H_0 在 α 的显著性水平下被拒绝）；对于上侧检验，若 $z_i > z_\alpha$，则我们有 $1-\alpha$ 的把握拒绝原假设 H_0；对于下侧检验，

若 $z_i < -z_\alpha$，则我们有 $1 - \alpha$ 的把握拒绝原假设 H_0。

（2）$p-$ 值法：对于双侧检验或单侧检验，若 $p- < \alpha$，则我们有 $1 - \alpha$ 的把握拒绝原假设 H_0。值得一提的是，这一方法在任何类型的假设检验中均可通用。

（六）假设检验的步骤

根据以上分析，可对总体均值进行假设检验（σ 已知的情形）的步骤概括如下：

（1）提出原假设 H_0 和备择假设 H_a，如表 9—1 所示。

（2）以样本均值 $\bar{x}$ 的抽样分布为依据，选择检验统计量 z。

（3）指定显著性水平 α，并计算临界值。常用的 α 有 0.1、0.05、0.01 等。

（4）利用检验统计量与临界值（或相伴概率与显著性水平），确定拒绝法则。

（5）依据样本信息和相关公式，计算检验统计值 z_i 和相伴概率 $p-$。

（6）根据拒绝法则，对原假设 H_0 是否成立进行检验并得出结论。

在统计学中，所有的假设检验都遵循这 6 个步骤，只是假设检验的内容互有差别。

下面以 100 名城镇居民的年收入为例，将上述步骤进行应用。设总体标准差 $\sigma = 10000$ 元，样本均值 $\bar{x}_i = 52500$ 元，显著性水平 $\alpha = 0.05$。那么，总体均值 $\mu = 50000$ 元的假设是否成立呢？假设检验的过程如下：

（1）提出原假设 H_0 和备择假设 H_a。该检验为双侧检验，原假设为 H_0：$\mu = 50000$ 元，备择假设为 H_a：$\mu \neq 50000$ 元。

（2）选择检验统计量。该检验所依据的抽样分布为样本均值 $\bar{x}$ 的抽样分布，经标准化之后的分布为 z 分布，因此应使用 z 分数作为检验统计量。

（3）指定显著性水平 α。此例中设 $\alpha = 0.05$，那么它在 z 分布曲线中的两个临界值则分别为 $-z_{0.025}$ 和 $z_{0.025}$，即 -1.96 和 1.96。

（4）确定拒绝法则。该检验应使用双侧检验的拒绝法则：若 $|z_i| > 1.96$ 或 $p- < 0.05$，则我们有 95% 的把握拒绝原假设 H_0。

（5）计算检验统计值 z_i 和相伴概率 $p-$。利用 z 分数的计算公式和正态分布概率计算的 SPSS 函数, 可得 $z_i = 2.5$, $p- = 0.012$。

(6) 进行检验。根据拒绝法则, 由于 $|z_i| > 1.96$、$p- < 0.05$, 因此我们有 95% 的把握认为原假设 H_0: $\mu = 50000$ 元不成立。也就意味着, 原假设成立的最大概率 (或我们犯错误的最大概率) 仅为 5%, 而备择假设 H_a: $\mu \neq 50000$ 元成立的概率为 95%。

假如我们提高研究精度, 将显著性水平 α 设为 0.01。那么, 原假设 H_0: $\mu = 50000$ 元是否还被拒绝呢?

显著性水平 α 改为 0.01 之后, 它在 z 分布曲线中所对应的两个临界值则分别变为 $-z_{0.005}$ 和 $z_{0.005}$, 即 -2.576 和 2.576。假设检验的拒绝法则也会相应地发生如下变化: 若 $|z_i| > 2.576$ 或 $p- < 0.01$, 则我们有 99% 的把握拒绝原假设 H_0。

由于 $|z_i| < 2.576$、$p- > 0.01$, 因此在 $\alpha = 0.01$ 的显著性水平下, 原假设不能被拒绝, 我们没有 99% 的把握认为原假设 H_0: $\mu = 50000$ 元不成立 (尤其需要注意的是, 这一结论绝对不能等同于 "我们有 99% 的把握认为原假设成立", 因为之前我们已经得出 "原假设成立的最大概率为 5%" 的结论)。

假如我们保持显著性水平 $\alpha = 0.05$ 不变, 将原假设改为 H_0: $\mu \leqslant 50000$ 元。那么, 该假设是否还会被拒绝呢?

原假设发生改变, 将导致原来的双侧检验则变为单侧的上侧检验。显著性水平 $\alpha = 0.05$ 虽然没有发生变化, 但它在 z 分布曲线中所对应的临界值的个数和数值都会发生变化, 仅有一个临界值 $z_{0.05} = 1.645$。相应地, 假设检验的拒绝法则变化如下: 若 $z_i > 1.645$ 或 $p- < 0.05$, 则我们有 95% 的把握拒绝原假设 H_0。

对于同一个检验统计值 z_i, 它所对应的相伴概率在单侧检验和双侧检验中会有不同, 前者是后者的一半。因此, $z_i = 2.5$ 在上侧检验中所对应的相伴概率 $p- = 0.012/2 = 0.006$。由于 $z_i > 1.645$、$p- < 0.05$, 因此我们有 95% 的把握认为原假设 H_0: $\mu \leqslant 50000$ 元不成立 (或备择假设 H_0: $\mu > 50000$ 元成立)。

二　总体均值的假设检验（σ 未知的情形）

（一）检验原理和步骤

在绝大多数情形之下，总体标准差 σ 是未知的。在此情形下，对总体均值进行假设检验，其原理与总体标准差 σ 已知情形下的假设检验非常相似。在检验步骤方面，区别之处主要有三点：

（1）检验统计量不同。在总体标准差 σ 未知的情形下，对总体均值进行假设检验时，所依据的抽样分布仍为样本均值 $\bar{x}$ 的抽样分布，但标准误差为 $s_{\bar{x}} = s/\sqrt{n}$。对 $\bar{x}$ 进行标准化之后，会得到一系列的 t 值，服从自由度 $df = n-1$ 的 t 分布。因此，总体均值的假设检验所使用的检验统计量为 t，t 值的计算公式为 $t_i = \dfrac{\bar{x}_i - \mu_0}{s_{\bar{x}}} = \dfrac{\bar{x}_i - \mu_0}{s/\sqrt{n}}$。

（2）临界值不同。在 σ 未知的情形下，对总体均值进行双侧检验时，显著性水平 α 在 t 分布曲线中所对应的两个临界值分别为 $-t_{\alpha/2}$ 和 $t_{\alpha/2}$；对总体均值进行单侧检验时，显著性水平 α 所对应的临界值为 $-t_\alpha$ 或 t_α。

（3）拒绝法则不同。在 σ 未知的情形下，使用临界值法进行假设检验的拒绝法则会发生如下变化：对于双侧检验，若 $|t_i| > t_{\alpha/2}$，则我们有 $1-\alpha$ 的把握拒绝原假设 H_0；对于上侧检验，若 $t_i > t_\alpha$，则我们有 $1-\alpha$ 的把握拒绝原假设 H_0；对于下侧检验，若 $t_i < -t_\alpha$，则我们有 $1-\alpha$ 的把握拒绝原假设 H_0。不过，使用 p-值法时的拒绝法则不会发生变化。

仍以 100 名城镇居民的年收入为例，设总体标准差 σ 未知，样本均值 $\bar{x}_i = 52500$ 元，样本标准差 $s = 10766.11$ 元，显著性水平 $\alpha = 0.05$。那么，总体均值 $\mu = 50000$ 元的假设是否成立呢？假设检验的过程如下：

（1）提出原假设 H_0 和备择假设 H_a。该检验为双侧检验，原假设为 H_0：$\mu = 50000$ 元，备择假设为 H_a：$\mu \neq 50000$ 元。

（2）选择检验统计量。该检验所依据的抽样分布为样本均值 $\bar{x}$ 的抽样分布，经标准化之后为自由度等于 99 的 t 分布（见图 9—5），因此应使用 t 作为检验统计量。

（3）指定显著性水平 α。此例中设 $\alpha = 0.05$，那么它在 t 分布曲线中的两个临界值则分别为 $-t_{0.025}$ 和 $t_{0.025}$。经计算，两个临界值分别为

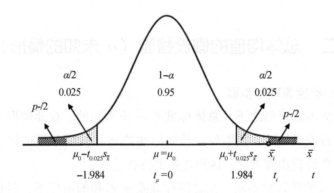

图9—5 总体均值的双侧检验（σ 未知）

-1.984 和 1.984。

（4）确定拒绝法则。该检验应使用双侧检验的拒绝法则：若 $|t_i| >$ 1.984 或 $p- < 0.05$，则我们有 95% 的把握拒绝原假设 H_0。

（5）计算检验统计值 t_i 和相伴概率 $p-$。利用 t 值的计算公式和 t 分布概率计算的 SPSS 函数，可得 $t_i = 2.322$，$p- = 0.022$。

（6）进行检验。根据拒绝法则，由于 $|t_i| > 1.984$、$p- < 0.05$，因此我们有 95% 的把握认为原假设 H_0：$\mu = 50000$ 元不成立（或备择假设 H_a：$\mu \neq 50000$ 元成立）。

假如我们保持显著性水平 $\alpha = 0.05$ 不变，将原假设改为 H_0：$\mu \leqslant$ 50000 元。那么，该假设是否还会被拒绝呢？

原假设的改变，会导致原来的双侧检验变为单侧的上侧检验。显著性水平 $\alpha = 0.05$ 虽未发生变化，但它在 t 分布曲线中所对应的临界值的个数和数值都会发生变化，仅有一个临界值 $t_{0.05} = 1.66$（图9—6）。相应地，假设检验的拒绝法则也会发生如下变化：若 $t_i > 1.66$ 或 $p- < 0.05$，则我们有 95% 的把握拒绝原假设 H_0。

对于同一个检验统计值 t_i，它在单侧检验中所对应的相伴概率是在双侧检验中的一半。因此，$t_i = 2.322$ 在上侧检验中所对应的相伴概率 $p- = 0.022/2 = 0.011$。由于 $t_i > 1.66$、$p- < 0.05$，因此我们有 95% 的把握认为原假设 H_0：$\mu \leqslant 50000$ 元不成立（或备择假设 H_a：$\mu >$ 50000 元成立）。

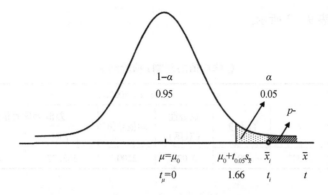

图9—6　总体均值的上侧检验（σ 未知）

（二）SPSS 操作过程

首先，利用 SPSS 对原假设 H_0：$\mu = 50000$ 元进行双侧检验。操作步骤如下：

（1）打开数据文件"100 名城镇居民的年收入 . sav"，选择"分析——比较平均值——单样本 T 检验"，打开图 9—7 中左侧所示的主对话框。

（2）将"年收入（Income）"选入"检验变量"框中，在"检验值"文本框中输入"50000"。然后单击"选项"按钮，弹出图 9—7 右侧所示的对话框。

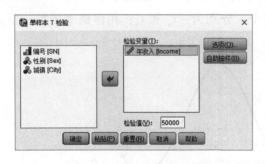

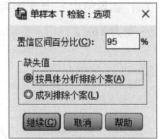

图9—7　总体均值的双侧 t 检验对话框

（3）在"置信区间百分比"文本框中保持默认的 95%，在"缺失值"框内保持默认的"按具体分析排除个案"。然后，单击"继续"按钮返回主对话框。最后，单击"确定"按钮，即完成假设检验过程。检验结果如表9—2所示。

表9—2 总体均值的双侧 t 检验结果

	检验值 =50000				
	t	自由度	显著性（双尾）	均值差值	差值95%置信区间
					下限	上限
年收入	2.322	99	0.022	2500	363.77	4636.23

表中的第二列为检验统计值 $t_i = 2.322$，第三列为自由度 $df = 99$，第四列为与 t_i 所对应的相伴概率 $p- = 0.022$；第五列为均值差值，即 $\bar{x}_i - \mu_0 = 2500$；最后两列为 $\mu - \mu_0$ 在 95% 的置信水平下的置信区间的下限和上限，分别为 363.77 和 4636.23，它由总体均值 μ 在 95% 的置信水平下的置信区间 [50363.77, 54636.23] 的下限、上限与总体均值 μ 的假定值 $\mu_0 = 50000$ 相减而得。通过 $t_i = 2.322$、相伴概率 $p- = 0.022$ 以及 $\mu - \mu_0$ 的置信区间 [363.77, 4636.23]，都可以得出原假设 $H_0: \mu = 50000$ 元在 0.05 的显著性水平下被拒绝的结论。

其次，利用 SPSS 对原假设 $H_0: \mu \leqslant 50000$ 元进行上侧检验。

SPSS 不能直接进行单侧检验，所有的单侧检验都需要事先转换为双侧检验（图9—8）：显著性水平由 α 变为 2α，置信水平则由 $1-\alpha$ 变为 $1-2\alpha$；临界值由一个变为两个，分别为 $-t_\alpha$ 和 t_α；相伴概率增加一倍，由 $p-$ 变为 $2p-$。

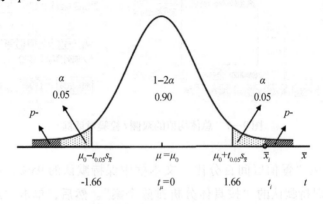

图9—8 单侧检验转换为双侧检验（σ 未知）

在该例中，需将显著性水平转换为 0.1，置信水平转换为 0.9。实现转换之后，在 SPSS 中利用双侧检验的步骤进行检验即可（需要在"置信区间百分比"文本框中输入"90"）。检验结果如表 9—3 所示。

表 9—3　　　　　　　　总体均值的上侧 t 检验结果

	检验值 = 50000					
	t	自由度	显著性（双尾）	均值差值	差值 90% 置信区间	
					下限	上限
年收入	2.322	99	0.022	2500	712.40	4287.60

与表 9—2 相比较，两表仅在最后两列中的数据上有差别。在表 9—3 中，第四列的数值 0.022 为双侧检验中的相伴概率 $2p-$，那么单侧检验中的相伴概率 $p-$ 则为 0.011。第六列的数值为 712.40，是 $\mu - \mu_0$ 在 90% 的置信水平下的置信区间的下限，也是 $\mu - \mu_0$ 在 95% 的置信水平下的单侧置信区间的下限，它由总体均值 μ 在 95% 的置信水平下的单侧置信区间 $[50712.40, +\infty)$ 的下限与总体均值 μ 的假定值 $\mu_0 = 50000$ 相减而得。通过 $t_i = 2.322$、相伴概率 $p- = 0.011$ 以及 $\mu - \mu_0$ 的单侧置信区间 $[712.40, +\infty)$，都可以得出原假设 H_0：$\mu \leqslant 50000$ 元在 0.05 的显著性水平下被拒绝的结论。

三　总体比例的假设检验

（一）检验原理及步骤

对总体比例进行假设检验，其原理与总体均值的假设检验（σ 已知的情形）基本相同。在检验步骤方面，主要存在两大区别：

（1）原假设和备择假设不同。总体比例假设检验的三种形式，如表 9—4 所示。其中，p_0 为总体比例 p 的假定值。

表9—4 总体比例假设检验的不同形式

编号	原假设	备择假设	类型
1	$H_0: p = p_0$	$H_a: p \neq p_0$	双侧检验
2	$H_0: p \leqslant p_0$	$H_a: p > p_0$	单侧检验（上侧检验）
3	$H_0: p \geqslant p_0$	$H_a: p < p_0$	单侧检验（下侧检验）

（2）检验统计量的计算公式不同。对总体比例进行假设检验时，所依据的抽样分布为样本比例 $\bar{p}$ 的抽样分布，均值为 p_0，标准误差为 $\sigma_{\bar{p}} = \sqrt{p_0(1-p_0)/n}$。根据中心极限定理，当样本容量很大时 $[n\bar{p} \geqslant 5$ 且 $n(1-\bar{p}) \geqslant 5$ 时]，$\bar{p}$ 的抽样分布近似服从正态分布。对 $\bar{p}$ 进行标准化之后，会得到由一系列的 z 分数构成的 z 分布。因此，总体比例的假设检验所使用的检验统计量为 z 分数，其计算公式为 $z_i = \dfrac{\bar{p}_i - p_0}{\sigma_{\bar{p}}} = \dfrac{\bar{p}_i - p_0}{\sqrt{p_0(1-p_0)/n}}$。

以 100 名城镇居民的性别为例，描述总体比例的假设检验步骤。设样本比例 $\bar{p}_i$（样本中的男性比例）为 0.52，显著性水平 $\alpha = 0.05$。那么，对于总体而言，男女性别比例是否相同呢？假设检验的过程如下：

（1）提出原假设 H_0 和备择假设 H_a。该检验为双侧检验，原假设为 $H_0: p = 0.5$，备择假设为 $H_a: p \neq 0.5$。

（2）选择检验统计量。该检验依据样本比例 $\bar{p}$ 的抽样分布，由于样本容量很大，$\bar{p}$ 的抽样分布近似服从正态分布（见图9—9），因此应使用 z 分数作为检验统计量。

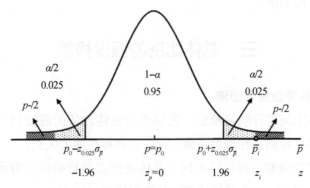

图9—9 总体比例的双侧检验（$\alpha = 0.05$）

（3）指定显著性水平 α。此例中设 $\alpha = 0.05$，那么它在 z 分布曲线中的两个临界值则分别为 $-z_{0.025}$ 和 $z_{0.025}$，即 -1.96 和 1.96。

（4）确定拒绝法则。该检验应使用双侧检验的拒绝法则：若 $|z_i| > 1.96$ 或 $p- < 0.05$，则我们有 95% 的把握拒绝原假设 H_0。

（5）计算检验统计值 z_i 和相伴概率 $p-$。利用 z 分数的计算公式和正态分布概率计算的 SPSS 函数，可得 $z_i = 0.4$，$p- = 0.689$。

（6）进行检验。根据拒绝法则，由于 $|z_i| < 1.96$、$p- > 0.05$，因此在 $\alpha = 0.05$ 的显著性水平下，原假设不能被拒绝，我们没有 95% 的把握认为原假设 H_0：$p = 0.5$ 不成立（对于总体而言，男女性别比例不存在显著差异）。

（二）SPSS 操作过程

由于样本比例 $\bar{p}$ 实际上是一个样本均值，因此在 SPSS 中也可以进行总体比例 p 的假设检验，操作步骤与总体均值的假设检验过程（σ 未知的情形）完全相同。需要注意的是，利用 SPSS 对总体比例进行假设检验，所依据的抽样分布为 t 分布。

仍以 100 名城镇居民的性别为例，利用 SPSS 对原假设 H_0：$p = 0.5$ 进行双侧检验，检验结果如表 9—5 所示。由于检验统计值 $t_i = 0.398$（其绝对值小于临界值 $t_{0.025} = 1.984$）、相伴概率 $p- = 0.691$（大于显著性水平 $\alpha = 0.05$），因此在 $\alpha = 0.05$ 的显著性水平下，原假设 H_0：$p = 0.5$ 不能被拒绝。

表 9—5　　　　　　　　　　　**总体比例的双侧 t 检验结果**

	检验值 = 0.5					
	t	自由度	显著性 （双尾）	均值差值	差值95% 置信区间	
					下限	上限
性别	0.398	99	0.691	0.02	-0.08	0.12

本章习题

1. 某酒店对 100 名顾客进行满意度调查，满意分数的均值（样本均

值 $\bar{x}_i$）为 82 分。假设以往调查表明，所有顾客满意分数的标准差（总体标准差 σ）为 20 分。

（1）若将原假设定义为 H_0：$\mu = 80$ 分。

① 原假设的含义是什么？备择假设是什么？

② 检验统计量是什么？其值为多少？相伴概率为多少？

③ 设 $\alpha = 0.05$，临界值为多少？拒绝法则是什么？

④ 你的结论是什么？

（2）若将原假设定义为 H_0：$\mu \geq 85$ 分。

① 原假设的含义是什么？备择假设是什么？

② 检验统计量是什么？其值为多少？相伴概率为多少？

③ 设 $\alpha = 0.01$，临界值为多少？拒绝法则是什么？

④ 你的结论是什么？

2. 某酒店对 100 名顾客进行满意度调查，满意分数的均值（样本均值 $\bar{x}_i$）为 82 分。假如所有顾客满意分数的标准差（总体标准差 σ）未知，100 名顾客满意分数的标准差为 21 分。

（1）若将原假设定义为 H_0：$\mu = 80$ 分。

① 原假设的含义是什么？备择假设是什么？

② 检验统计量是什么？其值为多少？相伴概率为多少？

③ 设 $\alpha = 0.05$，临界值为多少？拒绝法则是什么？

④ 你的结论是什么？

（2）若将原假设定义为 H_0：$\mu \geq 85$ 分。

① 原假设的含义是什么？备择假设是什么？

② 检验统计量是什么？其值为多少？相伴概率为多少？

③ 设 $\alpha = 0.01$，临界值为多少？拒绝法则是什么？

④ 你的结论是什么？

（3）打开文件“100 名酒店顾客的满意度调查分数 . sav”，利用 SPSS 对上述两个原假设进行检验。

3. 对某酒店集团服务人员的学历进行调查，以确定具有本科及其以上学历的服务人员比例是否超过了二成。抽取 100 名服务人员构成一个简单随机样本，其中有 25 人具有本科及以上学历。

（1）原假设和备择假设是什么？

（2）检验统计量是什么？其值为多少？相伴概率为多少？

（3）设 $\alpha = 0.05$，临界值为多少？拒绝法则是什么？

（4）你的结论是什么？

（5）打开文件"100 名酒店服务人员的学历 . sav"，利用 SPSS 对上述原假设进行检验。

4. 打开文件"聊城市游客旅游体验满意度调查问卷第 1 部分 . sav"。

（1）设 $\alpha = 0.05$，检验"所有游客的平均逗留天数为 2 天的假设"是否成立。

（2）设 $\alpha = 0.01$，检验"所有游客的平均旅游花费为 1000 元的假设"是否成立。

（3）设 $\alpha = 0.01$，检验"所有游客男女性别比例相同的假设"是否成立。

本章主要参考文献

［1］戴维·R. 安德森等：《商务与经济统计》（第 11 版），机械工业出版社 2012 年版，第 186—300 页。

［2］戴维·S. 穆尔：《统计学的世界》（第 5 版），中信出版社 2003 年版，第 504—521 页。

［3］道格拉斯·A. 林德等：《商务与经济统计技术》（第 11 版），中国人民大学出版社 2005 年版，第 371—493 页。

［4］耿修林：《商务经济统计学》，科学出版社 2003 年版，第 200—228 页。

［5］张文彤、邝春伟：《SPSS 统计分析基础教程》（第 2 版），高等教育出版社 2011 年版，第 251—282 页。

［6］A. J. 维尔：《休闲与旅游研究方法》（第 3 版），中国人民大学出版社 2008 年版，第 277—306 页。

［7］Mark L. Berenson 等：《商务统计概念与应用》（第 11 版），机械工业出版社 2012 年版，第 261—384 页。

［8］吴庆平：《巧用 SPSS 进行单边 t 检验》，《丽水学院学报》2011 年第 5 期。

第 十 章

两个以上总体的假设检验

在本章，我们将总体均值的假设检验由单个总体扩展至两个及两个以上的总体。首先，系统地介绍两个总体的假设检验，包括两个独立总体均值之差的假设检验、两个配对总体均值之差的假设检验和两个总体比例之差的假设检验。然后，详细地介绍三个以上总体的假设检验，即方差分析。

一 两个总体的假设检验

（一）两个独立总体均值之差的假设检验

1. 检验原理及步骤

设有两个相互独立的总体，分别为总体 1 和总体 2，二者均服从正态分布，均值分别为 μ_1 和 μ_2，总体均值之差为 $\mu_1 - \mu_2$。从两个总体中抽取两个样本，由于它们来自的总体是相互独立的，所以称为独立样本（Independent Samples），二者的容量分别为 n_1 和 n_2，标准差为 s_1 和 s_2，均值分别为 $\bar{x}_1$ 和 $\bar{x}_2$，样本均值之差为 $\bar{x}_1 - \bar{x}_2$。

由于在绝大多数情形之下，总体标准差是未知的，因此我们仅考虑在此情形下对两个独立总体均值之差进行假设检验。其原理与单个总体均值的假设检验（σ 未知的情形）基本相同。在检验步骤方面，主要存在两大区别：

（1）原假设和备择假设不同。两个独立总体均值之差假设检验的三种形式，如表 10—1 所示。其中，D_0 为 $\mu_1 - \mu_2$ 的假定值。

表10—1 两个独立总体均值之差假设检验的不同形式

编号	原假设	备择假设	类型
1	$H_0: \mu_1 - \mu_2 = D_0$	$H_a: \mu_1 - \mu_2 \neq D_0$	双侧检验
2	$H_0: \mu_1 - \mu_2 \leq D_0$	$H_a: \mu_1 - \mu_2 > D_0$	单侧检验（上侧检验）
3	$H_0: \mu_1 - \mu_2 \geq D_0$	$H_a: \mu_1 - \mu_2 < D_0$	单侧检验（下侧检验）

（2）检验统计量的计算公式不同。对两个独立总体均值之差进行假设检验时，所依据的抽样分布为样本均值之差 $\bar{x}_1 - \bar{x}_2$ 的抽样分布，标准误差为 $s_{\bar{x}_1 - \bar{x}_2} = \sqrt{s_1^2/n_1 + s_2^2/n_2}$。在总体标准差未知的情形下，对 $\bar{x}_1 - \bar{x}_2$ 进行标准化之后，会得到一系列的 t 值，服从自由度 $df = n_1 + n_2 - 2$ 的 t 分布。因此，两个独立总体均值之差的假设检验所使用的检验统计量为 t，其计算公式为 $t_i = \dfrac{(\bar{x}_1 - \bar{x}_2)_i - D_0}{s_{\bar{x}_1 - \bar{x}_2}}$。

以 100 名城镇居民的年收入为例，对两个独立总体均值之差进行假设检验。所有居民分为两个独立的总体，分别为女性和男性，两个总体的标准差 σ_1 和 σ_2（女性总体和男性总体年收入的标准差）未知，总体均值（女性总体和男性总体的年均收入）分别为 μ_1 和 μ_2。从两个总体中分别抽取 48 名（n_1）女性和 52 名（n_2）男性，构成两个独立样本，样本均值 $\bar{x}_1$、$\bar{x}_2$ 分别为 50145.83 元和 54673.08 元，样本标准差 s_1、s_2 分别为 9293.14 元和 11561.81 元。设显著性水平 $\alpha = 0.05$，那么是否女性总体的年均收入低于男性总体呢？假设检验的过程如下：

（1）提出原假设 H_0 和备择假设 H_a。该检验为下侧检验，原假设为 $H_0: \mu_1 - \mu_2 \geq 0$，备择假设为 $H_a: \mu_1 - \mu_2 < 0$。

（2）选择检验统计量。该检验所依据的抽样分布为样本均值之差 $\bar{x}_1 - \bar{x}_2$ 的抽样分布，经标准化之后为自由度等于 98 的 t 分布（图10—1），因此应使用 t 作为检验统计量。

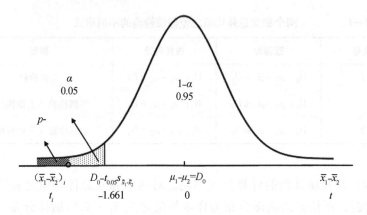

图 10—1 两个独立总体均值之差的下侧检验（σ 未知，$\alpha = 0.05$）

（3）指定显著性水平 α。此例中设 $\alpha = 0.05$，那么它在 t 分布曲线中的临界值为 $-t_{0.05}$。经计算，临界值为 -1.661。

（4）确定拒绝法则。该检验应使用下侧检验的拒绝法则：若 $t_i < -1.661$ 或 $p- < 0.05$，则我们有 95% 的把握拒绝原假设 H_0。

（5）计算检验统计值 t_i 和相伴概率 $p-$。利用 t 值的计算公式和 t 分布概率计算的 SPSS 函数，可得 $t_i = -2.138$，$p- = 0.0175$。

（6）进行检验。根据拒绝法则，由于 $t_i < -1.661$ 或 $p- < 0.05$，因此在 0.05 的显著性水平下，原假设 H_0：$\mu_1 - \mu_2 \geq 0$ 被拒绝，我们有 95% 的把握认为女性总体的年均收入低于男性总体。

2. SPSS 操作过程

利用 SPSS 对原假设 H_0：$\mu_1 - \mu_2 \geq 0$ 进行下侧检验，操作步骤如下：

（1）打开数据文件"100 名城镇居民的年收入 . sav"，选择"分析（Analyze）——比较平均值（Compare Means）——独立样本 T 检验（Independent-Samples T Test）"，打开图 10—2 中左侧所示的主对话框。

（2）将"年收入（Income）"选入"检验变量（Test Variable）"框中，将"性别（Sex）"选入"分组变量（Grouping Variable）"框中。然后单击"定义组（Define Groups）"按钮，弹出图 10—2 右侧所示的对话框。

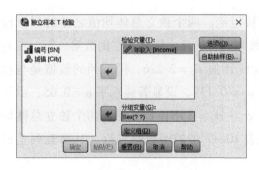 

图 10—2　两个独立总体均值之差的下侧 t 检验对话框

（3）在"使用指定的值（Use specific values）"栏中的"组 1（Group 1）"和"组 2（Group 2）"文本框中，分别输入"0"（女性）和"1"（男性）。然后，单击"继续"按钮返回主对话框。

（4）单击"选项"按钮，打开如图 9—7 右侧所示的对话框，在"置信区间百分比"文本框中输入"90"，在"缺失值"框内保持默认的"按具体分析排除个案"。然后，单击"继续"按钮返回主对话框。最后，单击"确定"按钮，即完成假设检验过程。检验结果如表 10—2 所示。

表 10—2　　　　　　　两个独立总体均值之差的下侧 t 检验结果

		方差齐性检验		均值之差的 t 检验				
		F	显著性	t	自由度	显著性（双尾）	差值 90% 置信区间	
							下限	上限
年收入	假定方差相等	2.226	0.139	−2.138	98	0.035	−8042.767	−1011.720
	假定方差不等			−2.156	97	0.034	−8014.307	−1040.180

表中，第二列至第四列为方差齐性检验的假设和结果。在总体标准差 σ 未知的情形下进行两个独立总体均值之差的假设检验，又可分为两种情况：一种为两个总体的方差具有齐性（相等），另一种为两个总体的方差不具有齐性（不等）。在 SPSS 中进行假设检验时，会首先对两总体的方差进行齐性检验，原假设为 $H_0: \sigma_1 - \sigma_2 = 0$，备择假设为 $H_a: \sigma_1 - \sigma_2 \neq 0$。检验统计量为 F，拒绝法则为"若 $F_i > F_\alpha$ 或 $p- < \alpha$，则我们有 $1 - \alpha$ 把握拒绝原假设"（检验原理详见本章第二节中的方差分析）。

　　如果方差相等的原假设未被拒绝，两个独立总体均值之差的假设检验结果显示在表10—2中的倒数第二行，反之则显示在倒数第一行。在表10—2中，第三列的数值为检验统计值 $F_i = 2.226$，第四列的数值是与检验统计值 F_i 相对应的相伴概率 $p- = 0.139$。设显著性水平 $\alpha = 0.05$，由于 $p- > 0.05$，因此原假设为 H_0：$\sigma_1 - \sigma_2 = 0$ 不能被拒绝，两个独立总体均值之差的假设检验结果显示在表10—2中的倒数第二行（从第五列至最后一列）。

　　第五列的数值为检验统计值 $t_i = -2.138$，第六列为自由度 $df = 98$，第七列的数值0.035为双侧检验中的相伴概率 $2p-$，那么单侧检验中的相伴概率 $p-$ 则为0.0175。第九列的数值为 -1011.720，是 $(\mu_1 - \mu_2) - D_0$ 在90%的置信水平下的置信区间的上限，也是 $(\mu_1 - \mu_2) - D_0$ 在95%的置信水平下的单侧置信区间的上限，它由总体均值之差 $\mu_1 - \mu_2$ 在95%的置信水平下的单侧置信区间 $(-\infty, -1011.720]$ 的上限与总体均值之差 $\mu_1 - \mu_2$ 的假定值 $D_0 = 0$ 相减而得。通过 $t_i = -2.138$、相伴概率 $p- = 0.0175$ 以及 $(\mu_1 - \mu_2) - D_0$ 的单侧置信区间 $(-\infty, -1011.720]$，都可以得出原假设 H_0：$\mu_1 - \mu_2 \geq 0$ 在0.05的显著性水平下被拒绝的结论。因此，我们有95%的把握认为女性总体的年均收入低于男性总体。

（二）两个配对总体均值之差的假设检验

1. 检验原理及步骤

　　在统计学中，对同一组研究对象（或同一个样本）先后进行两次不同试验的过程，称为配对设计（Paired Design）。两次试验中所对应的样本称为配对样本（Paired Sample），它们所来自的总体称为配对总体（Paired Population）。

　　假设我们考察某一地区的游客旅游体验满意度。抽取 n 名游客组成一个样本，先询问他们的旅游期望值，均值为 $\bar{x}_1$；再询问其旅游体验值，均值为 $\bar{x}_2$。由于是针对相同的对象前后进行了两次试验，因此这一试验过程属于配对设计。前后两次试验对应着两个配对样本，样本中游客的旅游期望值与旅游体验值之差为 $x_1 - x_2$，记为 d，标准差记为 s_d；d 的平均数为两个配对样本的均值之差 $\bar{x}_1 - \bar{x}_2$，记为 $\bar{d}$，而两个配对总体的均值之差 $\mu_1 - \mu_2$ 则记为 μ_d。

对两个配对总体的均值之差进行假设检验，其原理与两个独立总体均值之差的假设检验基本相同。在检验步骤方面，主要存在两处区别。

（1）原假设和备择假设表达方式不同。两个配对总体均值之差假设检验的三种形式，如表 10—3 所示。其中，D_0 为 μ_d 的假定值。

表10—3 **两个配对总体均值之差假设检验的不同形式**

编号	原假设	备择假设	类型
1	$H_0 : \mu_d = D_0$	$H_a : \mu_d \neq D_0$	双侧检验
2	$H_0 : \mu_d \leq D_0$	$H_a : \mu_d > D_0$	单侧检验（上侧检验）
3	$H_0 : \mu_d \geq D_0$	$H_a : \mu_d < D_0$	单侧检验（下侧检验）

（2）检验统计量的计算公式不同。对两个配对总体均值之差进行假设检验时，所依据的抽样分布为样本均值之差 $\bar{d}$ 的抽样分布，标准误差为 $s_{\bar{d}} = s_d / \sqrt{n}$。在总体标准差未知的情形下，对 $\bar{d}$ 进行标准化之后，会得到一系列的 t 值，服从自由度 $df = n - 1$ 的 t 分布。因此，两个配对总体均值之差的假设检验所使用的检验统计量为 t，计算公式为 $t_i = \dfrac{\bar{d} - D_0}{s_{\bar{d}}} = \dfrac{\bar{d} - D_0}{s_d / \sqrt{n}}$。

以 100 名游客的旅游体验满意度为例，对两个配对总体均值之差进行假设检验。设两个总体的标准差 σ_1 和 σ_2（所有游客的旅游期望值和旅游体验值的标准差）未知，总体均值（所有游客的旅游期望值和旅游体验值的平均数）分别为 μ_1 和 μ_2，均值之差 $\mu_1 - \mu_2$ 为 μ_d。样本 1（100 名游客的旅游期望值）的均值 $\bar{x}_1$ 为 82.58 分，样本 2（100 名游客的旅游体验值）的均值 $\bar{x}_2$ 分别为 84.33 分，100 名游客的旅游期望值与旅游体验值之差 d 的标准差 s_d 为 5.578 分。设显著性水平 $\alpha = 0.05$，那么对于总体而言，旅游体验均值是否大于旅游期望均值呢？假设检验的过程如下：

（1）提出原假设 H_0 和备择假设 H_a。该检验为下侧检验，原假设为 $H_0 : \mu_d \geq 0$，备择假设为 $H_a : \mu_d < 0$。

（2）选择检验统计量。该检验所依据的抽样分布为样本均值之差 $\bar{d}$ 的抽样分布，经标准化之后为自由度等于 99 的 t 分布（见图 10—3），因此应使用 t 作为检验统计量。

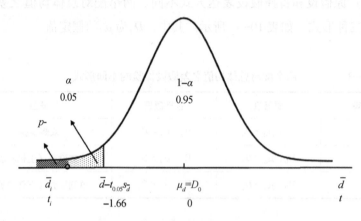

图10—3 两个配对总体均值之差的下侧检验（σ 未知，$\alpha = 0.05$）

（3）指定显著性水平 α。此例中设 $\alpha = 0.05$，那么它在 t 分布曲线中的临界值为 $-t_{0.05}$。经计算，临界值为 -1.66。

（4）确定拒绝法则。该检验应使用下侧检验的拒绝法则：若 $t_i < -1.66$ 或 $p- < 0.05$，则我们有 95% 的把握拒绝原假设 H_0。

（5）计算检验统计值 t_i 和相伴概率 $p-$。利用 t 值的计算公式和 t 分布概率计算的 SPSS 函数，可得 $t_i = -3.137$，$p- = 0.001$。

（6）进行检验。根据拒绝法则，由于 $t_i < -1.66$ 或 $p- < 0.05$，因此在 0.05 的显著性水平下，原假设 $H_0: \mu_d \geq 0$ 被拒绝，我们有 95% 的把握认为游客总体的旅游体验均值大于旅游期望均值。

2. SPSS 操作过程

利用 SPSS 对原假设 $H_0: \mu_d \geq 0$ 进行下侧检验，操作步骤如下：

（1）打开数据文件"100 名游客的旅游体验满意度 . sav"，选择"分析——比较平均值——成对样本 T 检验（Paired-Samples T Test）"，打开图 10—4 所示的主对话框。

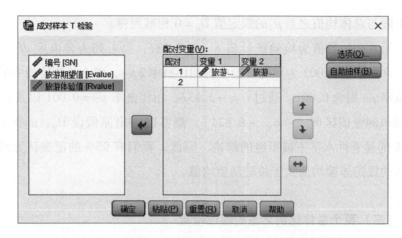

图 10—4 两个配对总体均值之差的下侧 t 检验对话框

（2）将"旅游期望值（Evalue）"和"旅游体验值（Rvalue）"先后选入"配对变量（Paired Variables）"框内的"变量 1（Variable 1）"和"变量 2（Variable 2）"中进行配对。

（3）单击"选项"按钮，打开图 9—7 右侧所示的对话框，在"置信区间百分比"文本框中输入"90"，在"缺失值"框内保持默认的"按具体分析排除个案"。然后，单击"继续"按钮返回主对话框。最后，单击"确定"按钮，即完成假设检验过程。检验结果如表 10—4 所示。

表 10—4 两个配对总体均值之差的下侧 t 检验结果

		配对差值					
		标准误差	差值 90% 置信区间		t	自由度	显著性（双尾）
			下限	上限			
配对 1	旅游期望值 – 旅游体验值	0.558	– 2.676	– 0.824	– 3.137	99	0.002

表中，第三列的数值 0.558 为样本均值之差 $\bar{d}$ 的抽样分布的标准误差 $s_{\bar{d}}$。第五列的数值为 – 0.824，是 $\mu_d - D_0$ 在 90% 的置信水平下的置信区间的上限，也是 $\mu_d - D_0$ 在 95% 的置信水平下的单侧置信区间的上限，它由总体均值之差 μ_d 在 95% 的置信水平下的单侧置信区间 $(-\infty, -0.824]$

的上限与总体均值之差 μ_d 的假定值 $D_0 = 0$ 相减而得。

第六列的数值为检验统计值 $t_i = -3.137$，第七列为自由度 $df = 99$，第八列的数值 0.002 为双侧检验中的相伴概率 $2p-$，那么单侧检验中的相伴概率 $p-$ 则为 0.001。通过 $t_i = -3.137$、相伴概率 $p- = 0.001$ 以及 $\mu_d - D_0$ 的单侧置信区间 $(-\infty, -0.824]$，都可以得出原假设 H_0：$\mu_d \geq 0$ 在 0.05 的显著性水平下被拒绝的结论。因此，我们有 95% 的把握认为游客总体的旅游体验均值大于旅游期望均值。

（三）两个总体比例之差的假设检验

1. 检验原理及步骤

设有两个相互独立的总体，分别为总体 1 和总体 2，比例分别为 p_1 和 p_2，总体比例之差为 $p_1 - p_2$。从两个总体中抽取两个容量很大的样本，二者的容量分别为 n_1 和 n_2，比例分别为 $\bar{p}_1$ 和 $\bar{p}_2$，样本比例之差为 $\bar{p}_1 - \bar{p}_2$。

利用样本比例之差对两个总体的比例之差进行假设检验，其原理与两个独立总体均值之差的假设检验基本相同。在检验步骤方面，主要存在两大区别。

（1）原假设和备择假设不同。总体比例假设检验的三种形式，如表 10—5 所示。其中，D_p 为 $p_1 - p_2$ 的假定值。

表 10—5　　　　　　两个总体比例之差假设检验的不同形式

编号	原假设	备择假设	类型
1	H_0：$p_1 - p_2 = D_p$	H_a：$p_1 - p_2 \neq D_p$	双侧检验
2	H_0：$p_1 - p_2 \leq D_p$	H_a：$p_1 - p_2 > D_p$	单侧检验（上侧检验）
3	H_0：$p_1 - p_2 \geq D_p$	H_a：$p_1 - p_2 < D_p$	单侧检验（下侧检验）

（2）检验统计量的计算公式不同。对两个总体的比例之差进行假设检验时，所依据的抽样分布为样本比例之差 $\bar{p}_1 - \bar{p}_2$ 的抽样分布，均值为 D_p，标准误差为 $\sigma_{\bar{p}_1 - \bar{p}_2} = \sqrt{\dfrac{p_1(1-p_1)}{n_1} + \dfrac{p_2(1-p_2)}{n_2}}$。由于两个总体的比例 p_1、p_2 未知，所以计算标准误差时需要用 $\bar{p}_1$、$\bar{p}_2$ 代替，即 $\sigma_{\bar{p}_1 - \bar{p}_2} = $

$$\sqrt{\frac{\bar{p}_1(1-\bar{p}_1)}{n_1}+\frac{\bar{p}_2(1-\bar{p}_2)}{n_2}}$$。根据中心极限定理，当样本容量很大时 $[n_1\bar{p}_1$、$n_1(1-\bar{p}_1)$、$n_2\bar{p}_2$、$n_2(1-\bar{p}_2)$ 均 ≥ 5 时]，$\bar{p}_1-\bar{p}_2$ 的抽样分布近似服从正态分布。对 $\bar{p}_1-\bar{p}_2$ 进行标准化之后，会得到由一系列的由 z 分数构成的 z 分布。因此，两个总体比例之差的假设检验所使用的检验统计量为 z，其计算公式为 $z_i=\dfrac{(\bar{p}_1-\bar{p}_2)-D_p}{\sigma_{\bar{p}_1-\bar{p}_2}}$。

以 100 名城镇居民的性别为例，描述两个总体比例之差的假设检验步骤。样本 1 来自 A 城市，样本容量 n_1 为 51，样本比例 $\bar{p}_1$（样本 1 中的男性比例）为 0.49。样本 2 来自 B 城市，样本容量 n_2 为 49，样本比例 $\bar{p}_2$（样本 2 中的男性比例）为 0.55。设显著性水平 $\alpha=0.05$，那么对于两个总体而言，男性比例是否相同呢？假设检验的过程如下：

（1）提出原假设 H_0 和备择假设 H_a。该检验为双侧检验，原假设为 H_0：$p_1-p_2=0$，备择假设为 H_a：$p_1-p_2\neq0$。

（2）选择检验统计量。该检验依据样本比例之差 $\bar{p}_1-\bar{p}_2$ 的抽样分布，由于样本容量很大，$\bar{p}_1-\bar{p}_2$ 的抽样分布近似服从正态分布，因此应使用 z 作为检验统计量。

（3）指定显著性水平 α。此例中设 $\alpha=0.05$，那么它在 z 分布曲线中的两个临界值则分别为 $-z_{0.025}$ 和 $z_{0.025}$，即 -1.96 和 1.96。

（4）确定拒绝法则。该检验应使用双侧检验的拒绝法则：若 $|z_i|>1.96$ 或 $p->0.05$，则我们有 95% 的把握拒绝原假设 H_0。

（5）计算检验统计值 z_i 和相伴概率 $p-$。利用 z 分数的计算公式和正态分布概率计算的 SPSS 函数，可得 $z_i=-0.602$，$p-=0.548$。

（6）进行检验。根据拒绝法则，由于 $|z_i|<1.96$、$p->0.05$，因此在 $\alpha=0.05$ 的显著性水平下，原假设不能被拒绝，我们没有 95% 的把握认为两个城市的男性比例存在显著差异。

2. SPSS 操作过程

由于样本比例 $\bar{p}$ 实际上是一个样本均值，因此在 SPSS 中也可以进行两个总体比例之差的假设检验，操作步骤与两个独立总体均值之差的假设检验过程完全相同。需要注意的是，利用 SPSS 对两个总体比例之差进行假设检验，所依据的抽样分布为 t 分布。

仍以 100 名城镇居民的性别为例，利用 SPSS 对原假设 H_0：$p_1 - p_2 = 0$ 进行双侧检验，检验结果如表 10—6 所示。

表 10—6　　　　　　两个总体比例之差的双侧 t 检验结果

		方差齐性检验		均值之差的 t 检验				
		F	显著性	t	自由度	显著性（双尾）	差值95%置信区间	
							下限	上限
性别	假定方差相等	0.47	0.495	−0.604	98	0.547	−0.261	0.139
	假定方差不等			−0.604	98	0.547	−0.261	0.139

表中，第四列的数值是与检验统计值 $F_i = 0.47$ 相对应的相伴概率 $p- = 0.495$。设显著性水平 $\alpha = 0.05$，由于 $p- > 0.05$，因此两个总体的方差相同的原假设不能被拒绝，两个总体比例之差的假设检验结果显示在表 10—6 中的倒数第二行（从第五列至最后一列）。

第五列的数值为检验统计值 $t_i = -0.604$，第六列为自由度 $df = 98$，第七列的数值 0.547 为双侧检验中的相伴概率 $p-$。最后两列的数值为 -0.261 和 0.139，是 $(p_1 - p_2) - D_p$ 在 95% 的置信水平下的置信区间的下限和上限，它由总体比例之差 $p_1 - p_2$ 在 95% 的置信水平下的置信区间 $[-0.261, 0.139]$ 的下限、上限与总体比例之差 $p_1 - p_2$ 的假定值 $D_p = 0$ 相减而得。通过 $t_i = -0.261$、相伴概率 $p- = 0.547$ 以及 $(p_1 - p_2) - D_p$ 的置信区间 $[-0.261, 0.139]$，都可以得出原假设 H_0：$p_1 - p_2 = 0$ 在 0.05 的显著性水平下不能被拒绝的结论。因此，我们没有 95% 的把握认为两个城市的男性比例存在显著差异。

二　方差分析

（一）方差分析的前提

我们将总体均值的假设检验由两个总体扩展至两个以上的总体。设有 $k(k \geq 3)$ 个相互独立的总体，分别为总体 1，总体 2，…，总体 k，均值分别为 μ_1，μ_2，…，μ_k。从 k 个总体中抽取 k 个样本，样本容量分别为

n_1，n_2，$\cdots$，n_k，总样本容量记为 n_T，标准差为 s_1，s_2，$\cdots$，s_k，均值分别为 $\bar{x}_1$，$\bar{x}_2$，$\cdots$，$\bar{x}_k$，总样本均值记为 $\bar{x}$。可利用样本相关信息，对 k 个总体均值是否相等进行假设检验，这种方法称为方差分析（Analysis of Variance，ANOVA）。

进行方差分析时，需要具备以下三个前提条件：

第一，k 个总体数据均服从正态分布。

第二，k 个总体数据的方差均相等。

第三，k 个总体的所有数据相互之间独立。

（二）检验原理

方差分析的原假设为 H_0：$\mu_1 = \mu_2 = \cdots = \mu_k$，备择假设为 H_a：k 个总体的均值不全相等（而不是 k 个总体的均值全不相等）。

其检验原理如下：如果 k 个总体均值相等的原假设成立，那么我们可以期望 k 个样本均值彼此之间差异较小。k 个样本均值的差异越小，我们就越有把握认为 k 个总体均值相等的原假设成立；相反，k 个样本均值的差异越大，我们就越有把握拒绝 k 个总体均值相等的原假设。

（三）检验统计量

方差分析的检验统计量为 F，服从分子自由度等于 $k-1$、分母自由度等于 $n_T - k$ 的 F 分布。F 值的计算过程如表 10—7 所示。

表 10—7　　　　　　　　　　　　　　　F 的计算过程

总平方和 SST	组间平方和 SSTR	组内平方和 SSE	组间方差 MSTR	组内方差 MSE	检验统计量 F
SSTR + SSE	$\sum n_i (\bar{x}_i - \bar{x})^2$	$\sum (n_i - 1) s_i^2$	SSTR/$(k-1)$	SSE/$(n_T - k)$	MSTR/MSE

首先，k 个样本中的所有数据与总样本均值 $\bar{x}$ 的离差平方和，称为总平方和，记为 SST。它分为两部分：一部分是不同样本之间的数据差异之和，称为组间平方和，记为 SSTR；另一部分是各个样本内部的数据差异之和，称为组内平方和，记为 SSE。

其次，用组间平方和 SSTR 除以 $k-1$，得到组间方差 MSTR，描述的是不同样本之间的数据平均差异；用组内平方和 SSE 除以 n_T-k，得到组内方差 MSE，描述的是各个样本内部的数据平均差异。

最后，用 MSTR 除以 MSE，即得到检验统计量 F。在 F 分布曲线中，与检验统计值 F_i 相对应的上侧面积，为相伴概率 $p-$（见图10—5）。

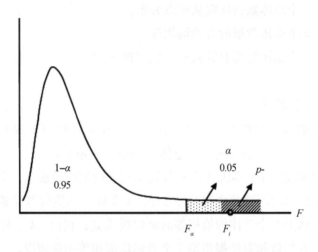

图10—5 方差分析的原理

（四）拒绝法则

方差分析永远是一个上侧检验，设显著性水平为 α，则拒绝域始终位于 F 分布曲线的上侧，临界值为 F_α。

根据 F 分布曲线，对方差分析的检验原理引申如下：如果原假设 H_0：$\mu_1 = \mu_2 = \cdots = \mu_k$ 成立，那么检验统计值 F_i 仅有 α 的概率落在拒绝域内；如果通过抽样所得到的检验统计值 F_i 落在拒绝域内，那么我们就有 $1-\alpha$ 的把握拒绝原假设。

基于上述原理，方差分析的拒绝法则为：若 $F_i > F_\alpha$ 或 $p- < \alpha$，则原假设在 α 的显著性水平下被拒绝。

（五）事后检验

在方差分析时，如果原假设被拒绝，只能得出 k 个总体均值不全相等的结论。确定到底是哪些总体的均值之间存在显著差异，还需要进行事后检验（又称多重比较）。

事后检验的原假设为 k 个总体均值两两相等（如 $\mu_1 = \mu_2$、$\mu_1 = \mu_3$、$\mu_2 = \mu_3$、$\mu_1 = \mu_k$ 等），检验原理实际上就是两个独立总体均值之差的假设检验原理，常用的检验方法包括 LSD 法、S–N–K 法等。

（六）方差分析的步骤

以 100 名城镇居民的年收入为例，描述方差分析的检验步骤。居民来自 A、B、C 三个城市，每个城市的所有居民构成一个总体，总体均值（三个城市的居民年均收入）分别为 μ_1、μ_2、μ_3。从三个总体中分别抽取 34 名（n_1）、32 名（n_2）和 34 名（n_3），构成三个独立样本，样本均值 $\bar{x}_1$、$\bar{x}_2$、$\bar{x}_3$ 分别为 4.85 万元、5.50 万元和 5.42 万元，总样本均值 $\bar{x}$ 为 5.25 万元，样本标准差 s_1、s_2、s_3 分别为 0.83 万元、1.36 万元和 0.90 万元。设显著性水平 $\alpha = 0.05$，那么三个城市居民的年均收入是否具有显著差异呢？假设检验的过程如下：

（1）提出原假设 H_0 和备择假设 H_a。该检验的原假设为 H_0：$\mu_1 = \mu_2 = \mu_3$，备择假设为 H_a：三个总体的均值不全相等。

（2）选择检验统计量。该检验所使用的检验统计量为 F，服从分子自由度等于 2、分母自由度等于 97 的 F 分布。

（3）指定显著性水平 α。此例中设 $\alpha = 0.05$，那么它在 F 分布曲线中的临界值为 $F_{0.05}$。经计算，临界值为 3.09。

（4）确定拒绝法则。该检验的拒绝法则为：若 $F_i > 3.09$ 或 $p- < 0.05$，则我们有 95% 的把握拒绝原假设 H_0。

（5）计算检验统计值 F_i 和相伴概率 $p-$。利用 F 值的计算公式和 F 分布概率计算的 SPSS 函数，可得 $F_i = 3.772$，$p- = 0.026$。

（6）进行方差分析。根据拒绝法则，由于 $F_i > 3.09$ 或 $p- < 0.05$，因此在 0.05 的显著性水平下，原假设 H_0：$\mu_1 = \mu_2 = \mu_3$ 被拒绝，我们有 95% 的把握认为三个城市居民的年均收入不全相等。

（7）事后检验。对三个总体的均值进行两两检验，最终得出如下结论：在 0.05 的显著性水平下，B、C 两个城市居民的年均收入之间不存在显著差异，但都与 A 城市居民的年均收入存在显著差异。

（七）SPSS 操作过程

利用 SPSS 对原假设 H_0：$\mu_1 = \mu_2 = \mu_3$ 进行方差分析，操作步骤如下：

（1）打开数据文件"100 名城镇居民的年收入（方差分析）.sav"，选择"分析——比较平均值——单因素 ANOVA 检验（One-Way ANO-VA）"，打开图 10—6 左侧所示的主对话框。

（2）将"年收入（Income）"选入"因变量列表（Dependent List）"框中，将"城镇（City）"选入"因子（Factor）"框中。然后单击"事后比较（Post Hoc）"按钮，弹出图 10—6 右侧所示的对话框。

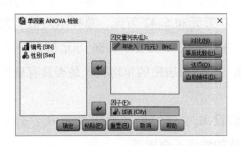

图 10—6 方差分析对话框

（3）在"假定等方差（Equal Variances Assumed）"框中选中"LSD"，在"显著性水平"文本框中保持默认的 0.05。然后，单击"继续"按钮返回主对话框。最后，单击"确定"按钮，即完成方差分析的检验过程。检验结果如表 10—8 和表 10—9 所示。

表 10—8　　　　　　　　方差分析结果（ANOVA 表）

	平方和	自由度	方差	*F*	显著性
组间	8.281	2	4.141	3.772	0.026
组内	106.469	97	1.098		
总计	114.750	99			

表 10—8 所示为方差分析表，第二列为组间平方和 SSTR、组内平方和 SSE 和总平方和 SST，分别为 8.281、106.469 和 114.750。第四列为组

间方差 MSTR 和组内方差 MSE，分别为 4.141 和 1.098。最后两列为检验统计值 F_i 和相伴概率 $p-$，分别为 3.772 和 0.026。由于 $p- < 0.05$，因此在 0.05 的显著性水平下，原假设 $H_0: \mu_1 = \mu_2 = \mu_3$ 被拒绝。

表 10—9   LSD 检验结果

(I) 城镇	(J) 城镇	均值差值 (I−J)	标准误差	显著性	95%的置信区间	
					下限	上限
A 城	B 城	− 0.644 *	0.258	0.014	− 1.156	− 0.132
	C 城	− 0.566 *	0.254	0.028	− 1.071	− 0.062
B 城	A 城	0.644 *	0.258	0.014	0.132	1.156
	C 城	0.078	0.258	0.764	− 0.435	0.590
C 城	A 城	0.566 *	0.254	0.028	0.062	1.071
	B 城	− 0.078	0.258	0.764	− .5898	0.435

* 均值差值的显著性水平为 0.05。

表 10—9 所示为利用 LSD 方法进行事后检验的结果，我们将重点放在第五列的相伴概率 $p-$ 上。该列中共有 3 个 $p-$ 值，分别为 0.014、0.028 和 0.764，分别对应原假设 $\mu_1 = \mu_2$、$\mu_1 = \mu_3$ 和 $\mu_2 = \mu_3$。设显著性 $\alpha = 0.05$，则前两个原假设被拒绝（原假设被拒绝时，在第三列各均值差值的右上角会标有 * 符号），第三个原假设不能被拒绝。因此，我们有 95% 的把握认为 A 城市居民的年均收入与 B、C 两个城市都存在显著差异，但没有 95% 的把握认为 B、C 两个城市居民的年均收入之间存在显著差异。

本章习题

1. 对某地区高校的旅游管理专业毕业生进行调查，以确定不同性别总体的平均起始薪金是否存在着显著差异。设男、女两个总体均服从正态分布，标准差 σ_1 和 σ_2 未知。分别从两个总体中抽取 30 名（n_1）男生和 50 名（n_2）女生，构成两个独立样本，样本均值 $\bar{x}_1$、$\bar{x}_2$ 分别为 5052.83 元和 4795.30 元，样本标准差 s_1、s_2 分别为 603.19 元和 466.34 元。

（1）若进行两个独立总体均值之差的双侧 t 检验：

① 原假设和备择假设是什么？

② 检验统计量是什么？其值为多少？相伴概率为多少？

③ 设 $\alpha = 0.05$，临界值为多少？拒绝法则是什么？

④ 你的结论是什么？

⑤ 打开文件"80 名旅游管理专业学生的起始薪金 . sav"，利用 SPSS 对上述原假设进行检验。

（2）若进行两个独立总体均值之差的上侧 t 检验：

① 原假设和备择假设是什么？

② 检验统计量是什么？其值为多少？相伴概率为多少？

③ 设 $\alpha = 0.05$，临界值为多少？拒绝法则是什么？

④ 你的结论是什么？

⑤ 打开文件"80 名旅游管理专业学生的起始薪金 . sav"，利用 SPSS 对上述原假设进行检验。

2. 对某地区的旅游景区门票价格进行调查，以考察该地区景区门票的市场价格与网络销售价格之间是否存在显著差异。抽取 10 个景区组成一个样本，市场均价 $\bar{x}_1$ 为 111.50 元，网络销售均价 $\bar{x}_2$ 为 104 元，市场价格与网络销售价格之差 d 的标准差 s_d 为 6.77 元。

（1）若进行两个配对总体均值之差的双侧 t 检验：

① 原假设和备择假设是什么？

② 检验统计量是什么？其值为多少？相伴概率为多少？

③ 设 $\alpha = 0.05$，临界值为多少？拒绝法则是什么？

④ 你的结论是什么？

⑤ 打开文件"10 个景区的门票价格 . sav"，利用 SPSS 对上述原假设进行检验。

（2）若进行两个配对总体均值之差的上侧 t 检验：

① 原假设和备择假设是什么？

② 检验统计量是什么？其值为多少？相伴概率为多少？

③ 设 $\alpha = 0.05$，临界值为多少？拒绝法则是什么？

④ 你的结论是什么？

⑤ 打开文件"10 个景区的门票价格 . sav"，利用 SPSS 对上述原假设

进行检验。

3. 对某地区大学生的旅游偏好情况进行调查，以了解不同性别总体的旅游偏好是否存在着显著差异。抽取 80 名女大学生组成样本 1，样本比例 $\bar{p}_1$（样本 1 中的自然景观偏好比例）为 0.45；抽取 70 名男大学生组成样本 2，样本比例 $\bar{p}_2$（样本 2 中的自然景观偏好比例）为 0.50。

（1）若进行两个总体比例之差的双侧检验：

① 原假设和备择假设是什么？

② 检验统计量是什么？其值为多少？相伴概率为多少？

③ 设 $\alpha = 0.05$，临界值为多少？拒绝法则是什么？

④ 你的结论是什么？

⑤ 打开文件"150 名大学生的旅游偏好.sav"，利用 SPSS 对上述原假设进行检验。

（2）若进行两个总体比例之差的下侧检验：

① 原假设和备择假设是什么？

② 检验统计量是什么？其值为多少？相伴概率为多少？

③ 设 $\alpha = 0.05$，临界值为多少？拒绝法则是什么？

④ 你的结论是什么？

⑤ 打开文件"150 名大学生的旅游偏好.sav"，利用 SPSS 对上述原假设进行检验。

4. 对某涉外酒店的客人进行调查，以了解不同地区的客人在日均住宿消费方面是否存在着显著差异。从外国客人、港澳台客人和内地客人三个总体中分别抽取 30 名、30 名、40 名客人，组成三个独立样本，样本均值 $\bar{x}_1$、$\bar{x}_2$、$\bar{x}_3$ 分别为 1130.47 元、1073.97 元和 988.30 元，总样本均值 $\bar{x}$ 为 1056.65 元，样本标准差 s_1、s_2、s_3 分别为 28.59 元、32.15 元和 24.18 元。

（1）原假设和备择假设是什么？

（2）检验统计量是什么？其值为多少？相伴概率为多少？

（3）设 $\alpha = 0.05$，临界值为多少？拒绝法则是什么？

（4）你的结论是什么？

（5）打开文件"100 名酒店客人的日均住宿消费.sav"，利用 SPSS 对上述原假设进行检验。

5. 打开文件"聊城市游客旅游体验满意度调查问卷第 1 部分.sav"。

（1）设 $\alpha = 0.05$，检验旅游花费、逗留天数是否存在着性别差异。

（2）设 $\alpha = 0.01$，检验所有游客的男女性别比例是否存在差异。

（3）设 $\alpha = 0.05$，检验旅游花费、逗留天数是否存在着学历差异。

本章主要参考文献

［1］戴维·R. 安德森等：《商务与经济统计》（第 11 版），机械工业出版社 2012 年版，第 186—300 页。

［2］戴维·S. 穆尔：《统计学的世界》（第 5 版），中信出版社 2003 年版，第 504—521 页。

［3］道格拉斯·A. 林德等：《商务与经济统计技术》（第 11 版），中国人民大学出版社 2005 年版，第 371—493 页。

［4］耿修林：《商务经济统计学》，科学出版社 2003 年版，第 200—228 页。

［5］丁蕾、赵倩倩：《旅外华人赴华旅游的动机——"推—拉"理论的视角》，《华侨大学学报（哲学社会科学版）》2020 年第 6 期。

［6］李文明：《生态旅游环境教育效果评价实证研究》，《旅游学刊》2012 年第 12 期。

［7］梁家琴等：《供需双方对景区文化偏好的差异性研究——以天柱山风景区为例》，《旅游学刊》2012 年第 7 期。

［8］吴冰等：《社区居民对入境旅游供给感知的差异分析——基于不同人口的统计特征》，《资源开发与市场》2015 年第 10 期。

［9］张金玲：《大学生旅游动机及其激发——以浙江和云南部分高校的学生为例》，《消费经济》2008 年第 8 期。

［10］张言庆：《基于旅游动机的游客满意度差异研究》，《旅游论坛》2011 年第 4 期。

［11］周功梅、宋瑞：《我国公众对红色旅游的认知与态度研究》，《旅游研究》2022 年第 3 期。

第十一章

相关分析

相关分析是一种重要的推断统计方法，在旅游研究中应用较为广泛。本章首先简要地介绍相关分析的相关概念和过程，然后系统地介绍简单相关分析、偏相关分析和独立性检验。

一　相关分析概述

（一）相关关系及其分类

两个变量（自变量 x 与因变量 y）之间的因果关系，可以分为两类：一类为函数关系，另一类为相关关系。

如果因变量 y 的取值变化完全取决于自变量 x 的取值变化，那么这两个变量之间就存在着函数关系。例如，假设一个标准间的房价为 300 元，那么如果销售 10 个标准间，就会有 3000 元的客房收入；如果销售 20 个标准间，则会有 6000 元的客房收入。在此情形下，客房收入的变化完全由客房销售数量的变化决定，因此二者之间存在着函数关系。

如果因变量的取值变化不是完全取决于一个自变量的取值变化，而是受多个自变量的共同影响，那么因变量与各个自变量之间就存在着相关关系（Correlation）。例如，一个人的外出旅游次数，不能完全取决于个人收入，还会受其他多种因素的影响，如闲暇时间、旅游动机、交通条件、安全因素等。在这种情形下，旅游次数与个人收入之间就存在着相关关系，当然与旅游动机、闲暇时间、交通条件、安全因素等也存在着相关关系。

相关关系总体上可以分为两类：第一类为线性相关关系，第二类为非线性相关关系。如果两个变量之间的总体变化趋势可用一条直线（称为拟合线）来近似描述，那么它们之间存在着线性相关关系；反之，则存在着非线性相关关系。

利用第四章所讲述的散点图（图11—1），可以对两个变量是否存在着线性相关关系进行非常直观的判断。显而易见，两个图形中的散点都较为均匀地分布在一条拟合线的两侧，因此两个变量之间均存在着线性相关关系。

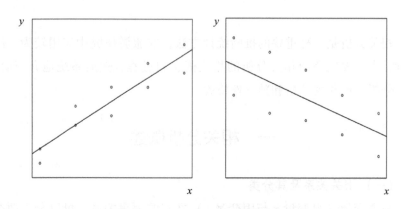

图11—1 线性相关关系的散点图

仔细观察图11—1中的两个图形，它们之间存在着两大不同之处。

第一，拟合线方向不同。左图中的拟合线是一条向右上倾斜的直线，右图中的则是一条向右下方倾斜的直线。前者说明两个变量的变化方向相同（y随着的x增大而逐渐增大），二者存在着正线性相关关系；后者说明两个变量的变化方向相反（y随着x的增大而逐渐减小），二者存在着负线性相关关系。

第二，散点与拟合线的离散程度不同。散点与拟合线的平均距离越近，则两变量之间的线性相关关系越强，反之则越弱。相对于左图来说，右图中的散点与拟合线的平均距离更大，说明变量之间的线性相关关系较弱。

（二）相关分析与相关系数

如果散点图表明两个变量之间存在着线性相关关系，那么如何精确地对这一相关关系进行描述呢？这里就涉及推断统计中的一种重要方法——相关分析（Correlation Analysis）。对其定义如下：相关分析是指基于两个变量的数据，利用相关系数这一指标来揭示两个变量之间的线性相关关系方向与强弱的一种推断统计方法。

在进行相关分析时，需要使用的一个重要指标，称为相关系数（Correlation Coefficient），分为总体相关系数和样本相关系数。前者反映总体中两个变量之间的线性相关关系，记为 ρ；后者反映样本中两个变量之间的线性相关关系，记为 r。在绝大多数情况下，总体相关系数 ρ 未知，需要利用样本相关系数 r 对其进行估计和推断。r 的计算过程如表 11—1 所示（其中，s_{xy} 为两个变量的协方差，也是反映变量之间相关关系的指标。一般而言，协方差的绝对值越大，两变量之间的相关关系越强）。

表 11—1 r 的计算过程

协方差 s_{xy}	x 的标准差 s_x	y 的标准差 s_y	相关系数 r
$\sum (x_i - \bar{x})(y_i - \bar{y})$	$\sqrt{\sum (x_i - \bar{x})^2/(n-1)}$	$\sqrt{\sum (y_i - \bar{y})^2/(n-1)}$	$s_{xy}/(s_x s_y)$

r 的取值范围为 $[-1, 1]$。利用 r 的值，可对线性相关关系的方向和强弱进行判断。

首先，判断方向。若 r 为负数，表示存在着负线性相关关系；若 r 为正数，表示存在着正线性相关关系；若 r 为 0，则表示不存在线性相关关系。

其次，判断强弱。若 $|r| < 0.3$，说明存在着非常弱的线性相关关系，可视为不相关；若 $0.3 \leq |r| < 0.5$，说明存在着低度线性相关关系；若 $0.5 \leq |r| < 0.8$，说明存在着中度线性相关关系；若 $0.8 \leq |r| < 1$，说明存在着高度线性相关关系；若 $|r| = 1$，说明存在着完全线性相关关系（也即线性函数关系），包括完全负线性相关关系和完全正线性相关关系。

（三）分析过程

相关分析的过程，包括以下两个环节：

第一，利用样本数据，计算样本相关系数 r。

第二，利用样本相关系数 r，对总体相关系数 ρ 进行假设检验。

对总体相关系数 ρ 进行假设检验的步骤如下：

（1）提出原假设 H_0 和备择假设 H_a。该检验为双侧检验，原假设为 H_0：$\rho = 0$，备择假设为 H_a：$\rho \neq 0$。

（2）选择检验统计量。该检验所依据的抽样分布为样本相关系数 r 的抽样分布，经标准化之后为自由度等于 $n - 2$ 的 t 分布，因此应使用 t 作为检验统计量（t 值的计算公式为 $t_i = r / \sqrt{(1 - r^2)/(n - 2)}$）。

（3）指定显著性水平 α，一般选择 0.1、0.05 和 0.01。

（4）确定拒绝法则。该检验应使用双侧检验的拒绝法则：若 $|t_i| > t_{\alpha/2}$ 或 $p- < \alpha$，则我们有 $1 - \alpha$ 的把握拒绝原假设 H_0。

（5）根据样本信息，计算检验统计值 t_i 和相伴概率 $p-$。

（6）依据拒绝法则，对原假设进行检验并得出结论。

二　简单相关分析

根据相关关系的定义，一个变量会与几个变量之间同时存在着相关关系。如果我们只单纯地考察其中两个变量的相关关系，而不考虑其他变量的影响，这种相关分析称为简单相关分析（Simple Correlation Analysis）。例如，旅游花费与居民收入、年龄、性别、学历、交通条件、时间等因素都存在相关关系，假如我们仅考察旅游花费与居民收入之间的相关关系，而不考虑其他因素，这种相关分析就属于简单相关分析。

在进行简单相关分析时，根据不同的情形，可使用三种不同的相关系数。

（一）皮尔逊相关系数

皮尔逊相关系数（Pearson Correlation Coefficient）就是上面所述的样本相关系数 r，是一种应用性最强的相关系数，适用于两变量均为定距尺度的情形。其计算公式如表 11—1 所示。

以 100 名城镇居民的年收入与年旅游花费为例，叙述皮尔逊相关分析的过程。

利用相关系数的计算公式，可得年收入与年旅游花费的皮尔逊相关系数为 0.856，说明对于这 100 名城镇居民而言，年收入与年旅游花费之间存在着正高度线性相关关系。

设显著性水平 $\alpha = 0.01$，对原假设 $H_0: \rho = 0$ 进行假设检验。利用 t 分布的概率计算公式，可得检验统计值 t_i 所对应的相伴概率 $p-$ 为 8.48×10^{-30}，远远小于 0.01。因此，原假设在 0.01 的显著性水平下被拒绝。我们有 99% 的把握认为，对于总体而言，年收入与年旅游花费之间也存在着显著的线性相关关系。

在 SPSS 中，此例的分析过程如下：

（1）打开数据文件 "100 名城镇居民的年收入与年旅游花费 . sav"，选择 "分析（Analyze）——相关（Correlate）——双变量（Bivariate）"，打开图 11—2 左侧所示的主对话框。

（2）将 "年收入（Income）" 和 "年旅游花费（Cost）" 选入 "变量" 框中，在 "相关系数（Correlation Coefficients）" 框中选择默认的 "皮尔逊（Pearson）"，在 "显著性检验（Test of Significance）" 框中选择默认的 "双尾（Two-tailed）"，保持 "标记显著性相关性（Flag significance correlations）" 按钮的默认选中状态。然后，单击 "选项" 按钮，弹出图 11—2 右侧所示的对话框。

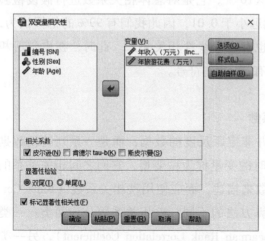

图 11—2　皮尔逊相关分析对话框

（3）在"缺失值"框中选择默认的"成对排除个案（Exclude cases pairwise）"，该按钮的意义为：在计算相关系数的两个变量中，如果有任何一个变量存在缺失值，它所在的个案即被排除，不参与计算。另外一个按钮为"成列排除个案"，英文为"Exclude cases listwise"，其意义为：对于数据文件中的任何变量，只要存在缺失值，那么它所在的个案即被排除，不参与计算），然后单击"继续"按钮返回主对话框。最后，单击"确定"按钮，即完成相关分析。分析结果如表11—2所示。

表11—2　　　　　　　　　　　　皮尔逊相关分析结果

		年收入	年旅游花费
年收入	皮尔逊相关系数	1	0.856 **
	显著性（双侧）		8.48×10^{-30}
	个案数	100	100
年旅游花费	皮尔逊相关系数	0.856 **	1
	显著性（双侧）	8.48×10^{-30}	
	个案数	100	100

表11—2中，第二行第四列的数值为皮尔逊相关系数 $r=0.856$，说明对于样本而言，年收入与年旅游花费之间存在着正高度线性相关关系。第三行第四列的数值为 8.48×10^{-30}，它是对总体相关系数进行假设检验时的相伴概率 $p-$，由于它远远小于0.01，因此我们有99%的把握认为，对于总体而言，两变量之间也存在着线性相关关系。此时，在皮尔逊相关系数 $r=0.856$ 的右上角标有"**"符号。

（二）斯皮尔曼秩相关系数

如果我们得到的变量值并非定距尺度的数据，而是一系列的秩数据（定序尺度的排名数据），此时的变量称为秩变量，它们之间相关关系的大小就不能用皮尔逊相关系数来描述，而应使用秩相关系数（Rank Correlation Coefficient）。根据计算方法的不同，秩相关系数分为两类：一类为斯皮尔曼秩相关系数（Spearman Rank Correlation Coefficient），另一类为肯德尔秩相关系数（Kendall Tau Rank Correlation Coefficient）。

斯皮尔曼秩相关系数记为 r_s，它直接利用秩数据计算而得。其计算公式为：$r_s = 1 - \dfrac{6 \sum d_i{}^2}{n(n^2 - 1)}$ 其中，d_i 为两个秩变量的变量值之差（或秩次之差）。在利用 r_s 的值对两个秩变量线性相关关系的方向和强弱进行判断时，其规则与皮尔逊相关系数完全相同。

表 11—3 显示的是 20 名学生的大学英语成绩和旅游英语成绩的排名数据。那么，大学英语成绩与旅游英语成绩之间是否存在着线性相关关系呢？

表 11—3　　　　　　　　　　**20 名学生的成绩排名数据**

编号	大学英语成绩排名 x_i	旅游英语成绩排名 y_i	秩次之差 d_i
1	1	13	-12
2	2	8	-6
3	3	1	2
4	4	7	-3
…	…	…	…
20	20	17	3

利用秩相关系数的计算公式，可得大学英语成绩与旅游英语成绩的斯皮尔曼秩相关系数为 0.385，说明对于这 20 名学生而言，大学英语成绩与旅游英语成绩之间存在着正低度线性相关关系。

设显著性水平 $\alpha = 0.05$，对原假设 $H_0: \rho = 0$ 进行假设检验。利用 t 分布的概率计算公式，可得检验统计值 t_i 所对应的相伴概率 $p-$ 为 0.094，大于 0.05。因此，原假设在 0.05 的显著性水平下不能被拒绝。我们没有 95% 的把握认为，对于总体而言，大学英语成绩与旅游英语成绩之间也存在着显著的线性相关关系。

在 SPSS 中进行斯皮尔曼相关分析时，其步骤与皮尔逊相关分析的过程基本相同，只是在相关系数类型的选择时会有不同，应在"相关系数"框中选择"斯皮尔曼（Spearman）"。此例的相关分析结果如表 11—4

所示。

表 11—4 斯皮尔曼相关分析结果

			大学英语成绩排名	旅游英语成绩排名
斯皮尔曼 相关分析	大学英语 成绩排名	相关系数	1.000	0.385
		显著性（双侧）		0.094
		个案数	20	20
	旅游英语 成绩排名	相关系数	0.385	1.000
		显著性（双侧）	0.094	
		个案数	20	20

在 100 名城镇居民的年收入与年旅游花费的例子中，既可以使用两个变量的原始数据进行皮尔逊相关分析，也可以使用两个变量的秩数据进行斯皮尔曼相关分析。经计算，皮尔逊相关系数 r 为 0.856，而斯皮尔曼秩相关系数 r_s 为 0.832。对比两个相关系数，皮尔逊相关系数更加有效率，更能真实地反映两个变量之间的相关关系。在进行斯皮尔曼相关分析时，由于使用的是秩数据，从而导致原始数据中的许多信息丢失，最终会夸大或者低估变量间的相关关系。

（三）肯德尔秩相关系数

与斯皮尔曼秩相关系数类似，肯德尔秩相关系数也依据秩数据计算而得。不过，在计算肯德尔秩相关系数时，秩数据并没有直接参与运算，而是利用秩数据的同序对个数求得。

设两个秩变量 x、y 各包含 n 个变量值，那么这些变量值就会构成 n 个数对。对于任意两个数对 (x_i, y_i) 和 (x_j, y_j)，如果"x_i 到 x_j"的变化方向与"y_i 到 y_j"的变化方向相同，那么称这两个数对为同序对；反之，则称为异序对。例如，在表 11—3 中，数对 $(3, 1)$ 与 $(4, 7)$ 为同序对，而与 $(2, 8)$ 为异序对。

肯德尔秩相关系数记为 τ，其计算公式为 $\tau = \dfrac{n_c - n_d}{n(n-1)}$，其中 n_c 为同

序对的个数，n_d 为异序对的个数。若同序对数量较多，说明两个变量之间存在着正线性相关关系；反之，则存在着负线性相关关系。在利用 τ 的值对两个秩变量线性相关关系的方向和强弱进行判断时，其规则与斯皮尔曼秩相关系数完全相同。

在 20 名学生的英语成绩例子中，也可以对大学英语成绩和旅游英语成绩进行肯德尔相关分析。利用肯德尔秩相关系数的计算公式，可得大学英语成绩与旅游英语成绩的肯德尔秩相关系数为 0.301，说明对于这 20 名学生而言，大学英语成绩与旅游英语成绩之间存在着正低度线性相关关系。

设显著性水平 $\alpha = 0.05$，对原假设 $H_0: \rho = 0$ 进行假设检验。利用 t 分布的概率计算公式，可得检验统计值 t_i 所对应的相伴概率 $p-$ 为 0.064，大于 0.05。因此，原假设在 0.05 的显著性水平下不能被拒绝。我们没有 95% 的把握认为，对于总体而言，大学英语成绩与旅游英语成绩之间也存在着显著的线性相关关系。

在 SPSS 中进行肯德尔相关分析时，其步骤与皮尔逊相关分析的过程基本相同，只是在相关系数类型的选择时会有不同，应在"相关系数"框中选择"肯德尔 tau-b（Kendall's tau-b）"。此例的相关分析结果如表 11—5 所示。

表 11—5　　　　　　　　　　肯德尔相关分析结果

			大学英语成绩排名	旅游英语成绩排名
肯德尔相关分析	大学英语成绩排名	相关系数	1.000	0.301
		显著性（双侧）		0.064
		个案数	20	20
	旅游英语成绩排名	相关系数	0.301	1.000
		显著性（双侧）	0.064	
		个案数	20	20

三 偏相关分析

(一) 概念与原理

如果自变量 x、因变量 y 同时与第三个变量存在相关关系，在对 x、y 进行简单相关分析时，由于掺杂着第三个变量的影响因素，那么所得到的相关系数并不能如实地反映 x、y 之间真实的相关关系。因此，要准确地衡量这两个变量之间的相关关系，就需要剔除或控制第三个变量的影响，这种统计方法称为偏相关分析（Partial Correlation Analysis，也称净相关分析）。

进行偏相关分析时，使用的指标称为偏相关系数（Partial Correlation Coefficient），记为 $r_{12.3}$，其计算公式为 $r_{12.3} = (r_{12} - r_{13}r_{23}) / \sqrt{(1 - r_{13}{}^2)(1 - r_{23}{}^2)}$，其中 r_{12}、r_{13}、r_{23} 分别表示三个变量两两之间的皮尔逊相关系数。

在 100 名城镇居民的年收入与年旅游花费的例子中，我们增加一个变量——年龄。毋庸置疑的是，年龄与年收入、年旅游花费这两个变量之间均存在着相关关系。通过计算，年龄与年收入、年旅游花费之间的皮尔逊相关系数分别为 0.536 和 0.513，说明均存在着正中度线性相关关系。

既然年收入、年旅游花费同时与年龄（第三个变量）之间存在着相关关系，那么我们对年收入和年旅游花费进行简单相关分析时，就会受到年龄因素的影响。因此，我们所得到的皮尔逊相关系数 0.856，就不能准确地反映年收入与年旅游花费之间的相关关系。在此情形下，需要将年龄的影响因素剔除，计算偏相关系数。

利用偏相关系数的计算公式，可得年收入与年旅游花费的偏相关系数为 0.801，其值比皮尔逊相关系数稍低。不过仍然说明，对于这 100 名城镇居民而言，年收入与年旅游花费之间存在着正高度线性相关关系。

设显著性水平 $\alpha = 0.01$，对原假设 $H_0: \rho = 0$ 进行假设检验。利用 t 分布的概率计算公式，可得检验统计值 t_i 所对应的相伴概率 $p-$ 为 2.29×10^{-23}，远远小于 0.01。因此，原假设在 0.01 的显著性水平下被拒绝。我们有 99% 的把握认为，对于总体而言，年收入与年旅游花费之间也存在着显著的线性相关关系。

（二）SPSS 操作过程

在 SPSS 中，此例的分析过程如下：

（1）打开数据文件"100 名城镇居民的年收入与年旅游花费 . sav"，选择"分析——相关——偏相关（Partial）"，打开图 11—3 左侧所示的主对话框。

（2）将"年收入（Income）"和"年旅游花费（Cost）"选入"变量"框中，将"年龄（Age）"选入"控制（Controlling for）"框中，在"显著性检验"框中选择默认的"双尾"，保持"显示实际显著性水平（Display actual significance level）"按钮的默认选中状态。然后，单击"选项"按钮，弹出图 11—3 右侧所示的对话框。

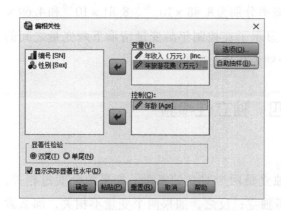

图 11—3 偏相关分析对话框

（3）在"统计"框中选中"零阶相关性"（Zero-order correlations，该按钮的意义为：计算三个变量两两之间的皮尔逊相关系数），在"缺失值"框中保持默认的"成列排除个案"。然后单击"继续"按钮返回主对话框。最后，单击"确定"按钮，即完成偏相关分析。分析结果如表 11—6 所示。

表 11—6　　　　　　　**偏相关分析结果（简表）**

控制变量			年收入	年旅游花费	年龄
无	年收入	相关性		0.856	0.536
		显著性（双侧）		8.48×10^{-30}	8.81×10^{-9}
		自由度		98	98
	年旅游花费	相关性			0.513
		显著性（双侧）			4.69×10^{-8}
		自由度			98
年龄	年收入	相关性		0.801	
		显著性（双侧）		2.29×10^{-23}	
		自由度		97	

在表 11—6 的上半部分，显示了在没有控制年龄变量情形下各变量之间的皮尔逊相关系数和相伴概率，相关系数分别为 0.856、0.536 和 0.513，它们所对应的相伴概率分别为 8.48×10^{-30}、8.81×10^{-9} 和 4.69×10^{-8}。在该表的下半部分，显示了在控制年龄变量情形下两变量之间的偏相关系数和相伴概率，分别为 0.801 和 2.29×10^{-23}。

四　独立性检验

（一）概念与原理

在统计学中，相关与独立是两个对立的概念。如果两个变量相关，那么意味着它们之间一定不独立；反之，如果两个变量不相关，那么意味着它们之间一定独立。设自变量 x、因变量 y 为两个定性变量，对其相关性（或独立性）进行统计分析的方法，称为独立性检验（Independence Test，又称为列联表检验），其原假设为 H_0：x 与 y 独立，备择假设为 H_a：x 与 y 不独立。

设自变量 x 有 n 个变量值，因变量 y 有 m 个变量值，则所有个体可根据变量值的不同组合被分为 $n \times m$ 个组别，如表 11—7 所示。该表实际上就是关于 x 与 y 的列联表，表中的每个单元格代表一个组别。例如，(x_1, y_1) 为一组，是在 x、y 分别取 x_1、y_1 时的个体集合，位于列联表中的第一行第一列（不考虑标题行、标题列），以此类推。

表 11—7　　　　　　　　**自变量 x 与因变量 y 的列联表**

x	y			
	y_1	y_2	...	y_m
x_1	(x_1, y_1)	(x_1, y_2)	...	(x_1, y_m)
x_2	(x_2, y_1)	(x_2, y_2)	...	(x_2, y_m)
...	...	...	...	...
x_n	(x_n, y_1)	(x_n, y_2)	...	(x_n, y_m)

对于任一组别而言，均存在两个与其密切相关的频数：一为观察频数（Observed Frequency），即我们通过抽样调查所观察到的每组个体个数；一为期望频数（Expected Frequency），即在原假设为真时我们所期望的每组个体个数（或每组的理论频数）。

独立性检验的原理，就建立在观察频数与期望频数的概率关系基础之上。检验原理如下：如果 x 与 y 独立的原假设成立，那么我们可以期望各组观察频数与期望频数之间的差异较小。若各组观察频数与期望频数之间的差异越小，我们就越有把握认为 x 与 y 独立的原假设成立；相反，各组观察频数与期望频数之间的差异越大，我们就越有把握拒绝 x 与 y 独立的原假设。

（二）检验统计量

独立性检验的检验统计量为 χ^2，服从自由度等于 $(n-1)(m-1)$ 的 χ^2 分布。χ^2 值的计算公式为 $\chi_i^2 = \sum_i \sum_j \dfrac{(f_{ij} - e_{ij})^2}{e_{ij}}$。其中，$f_{ij}$ 代表列联表中位于第 i 行第 j 列的组别的观察频数，e_{ij} 代表列联表中位于第 i 行第 j 列的组别的期望频数。在 χ^2 分布曲线中，与检验统计值 χ_i^2 相对应的上侧面积，为相伴概率 $p-$（见图 11—4）。

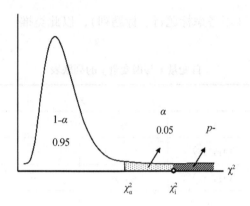

图 11—4 独立性检验的原理

（三）显著性水平、临界值和拒绝法则

与方差分析类似，独立性检验永远是一个上侧检验。设显著性水平为 α，则拒绝域始终位于 χ^2 分布曲线的上侧，临界值为 χ_α^2。

根据 χ^2 分布曲线，对独立性检验的原理引申如下：如果 x 与 y 独立的原假设成立，那么检验统计值 χ_i^2 仅有 α 的概率落在拒绝域内；如果通过抽样所得到的检验统计值 χ_i^2 落在拒绝域内，那么我们就有 $1-\alpha$ 的把握拒绝原假设。

基于上述原理，独立性检验的拒绝法则为：若 $\chi_i^2 > \chi_\alpha^2$ 或 $p- < \alpha$，则原假设在 α 的显著性水平下被拒绝。

（四）独立性检验的步骤

以 150 名游客的旅游体验满意度为例，描述独立性检验的步骤。游客的性别和旅游体验满意度的观察频数显示在表 11—8 中。如表所示，根据

表 11—8 150 名游客的性别与旅游体验满意度的观察频数

性别	满意度			
	不满意	一般	满意	合计
男	20	20	35	75
女	30	25	20	75
合计	50	45	55	150

性别与旅游体验满意度的不同取值组合，将150名游客分为6组，单元格中的数字代表每组游客的观察频数。

设显著性水平 $\alpha = 0.05$，那么游客的性别与旅游体验满意度是否独立呢？检验过程如下。

（1）提出原假设 H_0 和备择假设 H_a。该检验的原假设为 H_0：性别与旅游体验满意度独立，即所有游客的旅游体验满意度不存在性别差异；备择假设为 H_a：性别与旅游体验满意度不独立，即所有游客的旅游体验满意度存在性别差异。

（2）选择检验统计量。该检验所使用的检验统计量为 χ^2，服从自由度等于2的 χ^2 分布。

（3）指定显著性水平 α。此例中设 $\alpha = 0.05$，那么它在 χ^2 分布曲线中的临界值为 $\chi^2_{0.05}$。经计算，临界值为5.991。

（4）确定拒绝法则。该检验的拒绝法则为：若 $\chi^2_i > 5.991$ 或 $p- < 0.05$，则我们有95%的把握拒绝原假设 H_0。

（5）计算检验统计值 χ^2_i 和相伴概率 $p-$。在计算 χ^2_i 时，最关键的环节是计算各组的期望频数。如果性别与旅游体验满意度的原假设成立，那么我们就会期望男性游客与女性游客的旅游体验满意度具有相同的分布比例——不满意的比例为10/30（50/150）、一般的比例为9/30（45/150）、满意的比例为11/30（55/150）。用这三个比例分别与男性游客、女性游客的数量相乘，就会得到各组的期望频数，结果如表11—9所示。

表11—9　　　150名游客的性别与旅游体验满意度的期望频数

性别	满意度			
	不满意	一般	满意	合计
男	25	22.5	27.5	75
女	25	22.5	27.5	75
合计	50	45	55	150

利用 χ^2 值的计算公式，可得 $\chi^2_i = 6.646$。利用 χ^2 分布概率计算的 SPSS 函数，可得 $p- = 0.036$。

（6）进行检验。根据拒绝法则，由于 $\chi_i^2 > 5.991$ 或 $p- < 0.05$，因此在 0.05 的显著性水平下，性别与旅游体验满意度独立的原假设被拒绝。我们有 95% 的把握认为，对于所有游客而言，性别会对旅游体验满意度产生影响。通过表 11—8 和表 11—9 中的样本信息，也可以发现：男性游客中，选择"满意"的组别，其观察频数大于期望频数；女性游客中，选择"不满意""一般"的两个组别，其观察频数大于期望频数。因此，相对于女性游客而言，男性游客的旅游体验满意度较高。

（五）SPSS 操作过程

在 SPSS 中，此例的分析过程如下：

（1）打开文件"150 名游客的旅游体验满意度.sav"，选择"分析——描述统计——交叉表"，打开图 11—5 左侧所示的主对话框。

（2）将"性别（sex）"选入"行（Row）"框，将"满意度（degree）"选入"列（Column）"框。

（3）单击右侧的"统计（Statistics）"按钮，弹出图 11—5 右侧所示的对话框。选中左上角的"卡方（Chi-square）"按钮。

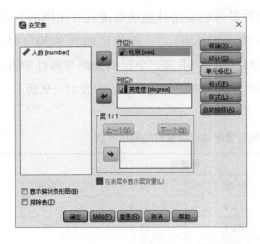 

图 11—5　独立性检验对话框

（4）单击"继续"按钮返回主对话框，再单击"确定"按钮，即可完成独立性检验。

独立性检验的结果，显示在表 11—10 中。其中，第二行（皮尔逊卡方）中的三个数值 6.646、2 和 0.036，分别代表检验统计量 χ^2、自由度和相伴概率 $p-$ 的值。

表 11—10　　　　　　　独立性检验结果

	值	自由度	渐进显著性
皮尔逊卡方	6.646	2	0.036
似然比	6.713	2	0.035
线性关联	5.922	1	0.015
有效个案数	150		

本章习题

1. 打开数据文件"1996—2014 年山东省国内旅游人数与国内旅游收入.sav"。

（1）利用 SPSS 制作国内旅游人数（DTN）和国内旅游收入（DTI）的散点图。

（2）利用 SPSS 对国内旅游人数（DTN）和国内旅游收入（DTI）进行皮尔逊相关分析，仔细查看分析结果，你可以得出什么结论？

（3）利用 SPSS 对国内旅游人数（DTN）和国内旅游收入（DTI）进行斯皮尔曼秩相关分析，与皮尔逊相关分析结果进行对比。

2. 打开数据文件"旅游景区的广告数量与销售额.sav"。

（1）利用 SPSS 制作广告数量（advertisement）和销售额（sale）的散点图。

（2）利用 SPSS 对广告数量（advertisement）和销售额（sale）进行皮尔逊相关分析，仔细查看分析结果，你可以得出什么结论？

（3）利用 SPSS 对广告数量（advertisement）和销售额（sale）进行肯德尔秩相关分析，与皮尔逊相关分析结果进行对比。

3. 打开数据文件"20 名乡村教师的月收入与年出游次数.sav"。

（1）利用 SPSS 制作年龄（age）、月收入（income）、年出游次数

（frequency）三个变量两两之间的散点图。

（2）控制年龄（age）变量，利用 SPSS 对月收入（income）、年出游次数（frequency）进行偏相关分析，仔细查看分析结果，你可以得出什么结论？

4. 打开数据文件"最受中国游客欢迎的高星级酒店品牌.sav"，利用 SPSS 制作性别和酒店品牌的列联表，并对两变量进行独立性检验。

5. 打开文件"聊城市游客旅游体验满意度调查问卷第一部分.sav"。

（1）利用 SPSS 计算年龄、收入、旅游次数、逗留天数 4 个变量与旅游花费的皮尔逊相关系数并进行解释。

（2）利用 SPSS 计算收入与旅游次数、逗留天数、旅游花费 3 个变量的偏相关系数（剔除年龄因素）并进行解释。

本章主要参考文献

［1］戴维·R. 安德森等：《商务与经济统计》（第 11 版），机械工业出版社 2012 年版，第 252—269 页。

［2］戴维·S. 穆尔：《统计学的世界》（第 5 版），中信出版社 2003 年版，第 306—320 页。

［3］道格拉斯·A. 林德等：《商务与经济统计技术》（第 11 版），中国人民大学出版社 2005 年版，第 497—542 页。

［4］耿修林：《商务经济统计学》，科学出版社 2003 年版，第 229—265 页。

［5］张文彤、邝春伟：《SPSS 统计分析基础教程》（第 2 版），高等教育出版社 2011 年版，第 327—359 页。

［6］何小芊等：《基于百度指数的温泉旅游网络关注度时空特征研究》，《地域研究与开发》2017 年第 1 期。

［7］马丽君、刘聪：《我国潜在顾客对城市美食的偏好与影响因素研究——基于网络关注度视角》，《资源开发与市场》2021 年第 3 期。

［8］刘文彬：《我国城乡居民的经济收入与旅游消费关系的定量分析》，《统计与决策》2009 年第 10 期。

［9］刘珍珍等：《旅游流与贸易流的相关性分析》，《旅游论坛》2009 年第 6 期。

第十二章

回归分析

回归分析是一种非常重要的推断统计方法，在旅游研究中有着极其广泛的应用。本章首先简要地介绍回归分析的概念和分类，其次详细地介绍一元线性回归分析的过程，最后系统地介绍多元线性回归分析的过程。

一 回归分析简介

所谓回归分析（Regression Analysis），就是在相关分析的基础上，构建自变量与因变量之间的因果关系模型或方程（回归模型或方程），并据此进行估计或预测的推断统计方法。

根据自变量与因变量之间相关关系性质的不同，可将回归分析分为两大类：线性回归分析（Linear Regression Analysis）和非线性回归分析（Non-Linear Regression Analysis）。如果变量之间存在线性相关关系，就可对其进行线性回归分析，否则需要对其进行非线性回归分析。不过，在统计分析过程中，非线性回归分析往往可以转化为线性回归分析。

线性回归分析，又可根据自变量的个数进一步划分为两种类型：一元线性回归分析（或简单线性回归分析，Simple Linear Regression Analysis）和多元线性回归分析（Multiple Linear Regression Analysis）。只有一个自变量的线性回归分析称为一元线性回归分析，具有两个及两个以上自变量的线性回归分析称为多元线性回归分析。

二 一元线性回归分析

进行一元线性回归分析时，只涉及一个自变量 x 和一个因变量 y。在建立关于两个变量的回归模型或方程之后，任意给定一个 x 值，均可对相关的 y 值和 y 的数学期望值进行估计和预测。

以 10 名城镇居民的年收入和年旅游花费为例，描述一元线性回归分析的过程，相关数据如表 12—1 所示。在此例中，城镇居民的年收入与年旅游花费存在怎样的因果关系（回归关系）呢？若某一居民的年收入为 7 万元，那么他的年旅游花费会是多少呢？对于所有年收入为 7 万元的居民，平均年旅游花费是多少呢？

表 12—1　　　　　　　10 名城镇居民的年收入和年旅游花费数据

编号	年收入（万元） x	年旅游花费（万元） y
1	6.50	2.00
2	6.70	2.30
3	4.20	0.35
4	5.20	0.90
5	4.70	0.65
6	5.50	1.50
7	5.00	1.00
8	4.70	0.35
9	6.20	1.50
10	5.70	1.10

（一）相关分析

在进行一元线性回归分析之前，首先要确定自变量 x 和因变量 y 之间是否存在着线性相关关系。如果二者存在线性相关关系，方可进行回归分析，反之则不能。

在本例中，自变量 x 为年收入，因变量 y 为年旅游花费。设显著性水

平 $\alpha = 0.01$，对这两个变量进行相关分析，可得皮尔逊相关系数 r 为 0.953，相伴概率 $p-$ 为 2.1×10^{-5}。因此，我们有99%的把握认为，对于总体而言，年收入与年旅游花费之间存在显著的线性相关关系，可以进行进一步的回归分析。

（二）构建回归模型和回归方程

年收入 x 与年旅游花费 y 的相关关系，还可以用散点图进行直观的显现。如图12—1所示，10个散点均紧密地分布在一条向右上方倾斜的直线两侧，说明二者存在正高度线性相关关系。因此，x 与 y 之间的变化趋势可以用一条直线进行近似的拟合。

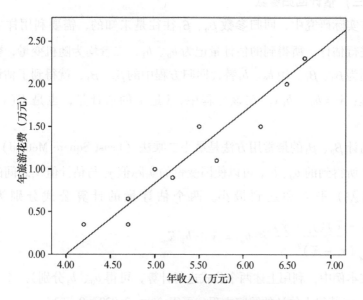

图12—1　年收入与年旅游花费散点图

但是，由于这10个散点并非恰好落在线上，点、线之间存在一定的距离，因此拟合线并不能完全反映两变量之间的变化趋势，会存在一定的误差。

基于此，我们可以建立一元线性回归模型，用来描述 x 与 y 之间的变化趋势（因果关系或回归关系）。一元线性回归模型的表达形式为：$y = \beta_0 + \beta_1 x + \varepsilon$。在该模型中，$\beta_0$、$\beta_1$ 称为回归参数（Regression Parameter），均为常数，其中 β_1 称为回归系数（Regression Coefficient），它是 x 变化一个单位时所引起的 y 的平均变化数量。$\beta_0 + \beta_1 x$ 称为回归方程，用来解释 x 与 y 之间的变化趋势。ε 称为误差项，用来解释除 x 之外的其他因素所引起的 y 的变化；ε 是一个服从正态分布的随机变量，数学期望为 0，且变量值之间相互独立，这是回归模型的假定条件。

对于任一个特定的 x 值，由于 ε 的存在，都会对应着一系列的 y 值或一个关于 y 值的分布。每一个分布都有自己的数学期望或平均数，记为 $E(y)$。因误差项 ε 的数学期望为 0，故而可得 $E(y) = \beta_0 + \beta_1 x$，此即回归方程。

（三）估计回归参数

在实际研究中，回归参数 β_0、β_1 往往是未知的，需要利用样本数据信息进行估计，所得到的估计量记为 b_0、b_1，二者均为随机变量，数学期望分别为 β_0、β_1。用 b_0、b_1 替代回归方程中的 β_0、β_1，就得到了估计的回归方程：$\hat{y} = b_0 + b_1 x$。在该方程中，$\hat{y}$ 是 y 的估计量，也是 $E(y)$ 的估计量。

估计 β_0、β_1 的最常用方法是最小二乘法（Least Square Method），利用此方法所得到的 b_0、b_1，可以使因变量的实际值 y_i 与估计值 $\hat{y}_i$ 之间的误差（或残差）平方和达到最小。两个估计量的计算公式分别为 $b_1 = \dfrac{\sum (x_i - \bar{x})(y_i - \bar{y})}{\sum (x_i - \bar{x})^2}$ 和 $b_0 = \bar{y} - b_1 \bar{x}$。

在本例中，利用上述两个公式进行计算，可得 b_0、b_1 分别为 -2.933 和 0.753。将其代入估计的回归方程，可得 $\hat{y} = -2.933 + 0.753x$。

（四）拟合程度检验

在得到估计的回归方程之后，需要对其拟合程度（拟合 x 与 y 之间变化趋势的程度）进行检验，所使用的指标称为判定系数（Coefficient of Determination），记为 r^2，其取值范围为 [0, 1]，计算过程如表 12—2 所示。其中，SST 称为总平方和，是因变量的实际值 y_i 与样本均值 $\bar{y}$ 之间的离差平方和。它分为两部分：一部分称为误差平方和，记为 SSE，是因

变量的实际值 y_i 与估计值 $\hat{y}_i$ 之间的离差平方和；另一部分称为回归平方和，记为 SSR，是因变量的估计值 $\hat{y}_i$ 与样本均值 $\bar{y}$ 之间的离差平方和。三个离差平方和的关系可表述为：SST = SSE + SSR。如果估计的回归方程拟合程度较好，那么 SSE 的数值会较小，而在 SST 一定的前提下，较小的 SSE 将意味着较大的 SSR 和 r^2。因此，r^2 的值越大，说明拟合程度越好。

表 12—2 　　　　　　　　　　　　**判定系数的计算过程**

总平方和 SST	误差平方和 SSE	回归平方和 SSR	判定系数 r^2
$\sum (y_i - \bar{y})^2$	$\sum (y_i - \hat{y}_i)^2$	$\sum (\hat{y}_i - \bar{y})^2$	SSR/SST

在本例中，通过计算可得 r^2 的值为 0.907，它说明年收入 x 与年旅游花费 y 之间的变化趋势有 90.7% 是可以由估计的回归方程 $\hat{y} = -2.933 + 0.753x$ 进行拟合的。换句话说，它说明年旅游花费 y 的变化有 90.7% 是由年收入 x 的变化所引起的。对于这一拟合程度，是相当令人满意的。

（五）回归方程的显著性检验

所得到的估计的回归方程，仅仅表明对于样本而言，自变量 x 与因变量 y 之间存在着因果关系或回归关系。那么，对于总体来说，二者是否仍然存在着显著的回归关系呢？这就需要对回归方程进行显著性检验。

1. 回归系数 β_1 的显著性检验

1）原假设与备择假设

原假设为 H_0：$\beta_1 = 0$，意为"自变量 x 与因变量 y 之间在总体上不存在显著的回归关系"；备择假设为 H_a：$\beta_1 \neq 0$，意为"自变量 x 与因变量 y 之间在总体上存在着显著的回归关系"。

2）检验统计量

在一元线性回归分析过程中，对回归系数 β_1 的显著性进行假设检验时，可使用 t 检验或 F 检验两种方法。

进行 t 检验时，所依据的抽样分布为 b_1 的抽样分布，经标准化之后为

自由度等于 $n-2$ 的 t 分布，因此应使用 t 作为检验统计量。t 值的计算公式为 $t_i = \dfrac{b_{1_i}}{s_{b_1}}$，其中 s_{b_1} 是 b_1 的抽样分布的标准误差。

进行 F 检验时，所依据的抽样分布是分子自由度等于 k、分母自由度等于 $n-k-1$ 的 F 分布，应使用 F 作为检验统计量。F 的计算公式为 $F = MSR/MSE$，计算过程如表 12—3 所示。其中，k 为自变量的个数。

表 12—3 $\qquad\qquad\qquad\qquad\qquad$ F 的计算过程

回归平方和 SSR	回归方差 MSR	误差平方和 SSE	误差方差 MSE	检验统计量 F
$\sum (\hat{y}_i - \bar{y})^2$	SSR/k	$\sum (y_i - \hat{y}_i)^2$	$SSE/(n-k-1)$	MSR/MSE

3）拒绝法则

在 α 的显著性水平下，t 检验的拒绝法则为：若 $|t_i| > t_{\alpha/2}$ 或 $p- < \alpha$，则我们有 $1-\alpha$ 的把握拒绝原假设 H_0；F 检验的拒绝法则为，若 $F_i > F_\alpha$ 或 $p- < \alpha$，则我们有 $1-\alpha$ 的把握拒绝原假设 H_0。

在本例中，设显著性水平 $\alpha = 0.05$，利用 SPSS 函数可得 t 检验、F 检验的临界值分别为 $t_{0.025} = 2.306$、$F_{0.05} = 5.318$。利用检验统计量的计算公式和 SPSS 函数，可得检验统计值 $t_i = 8.857$，相伴概率 $p- = 2.1 \times 10^{-5}$，符合拒绝法则；检验统计值 $F_i = 78.44$，相伴概率 $p- = 2.1 \times 10^{-5}$，也符合拒绝法则。因此，原假设 $H_0: \beta_1 = 0$ 在 0.05 的显著性水平下被拒绝，我们有 95% 的把握认为年收入 x 与年旅游花费 y 之间在总体上存在着显著的回归关系。

2. 常数项 β_0 的显著性检验

如果自变量 x 与因变量 y 之间在总体上存在着显著的回归关系，接下来则有必要对常数项的显著性进行 β_0 假设检验，以确定常数项是否显著地存在于回归方程中。

其原假设为 $H_0: \beta_0 = 0$，意为"常数项在总体上不具有显著性"，应从回归方程中去除；备择假设为 $H_a: \beta_0 \neq 0$，意为"常数项在总体上具有显著性"，应保留在回归方程中。其检验过程与回归系数 β_1 的 t 检验颇为相似。

在本例中，设显著性水平 $\alpha = 0.05$，利用 SPSS 函数可得 t 检验的临

界值为 $t_{0.025}=2.306$。t 检验的拒绝法则为：若 $|t_i| > 2.306$ 或 $p- < 0.05$，则我们有 95% 的把握拒绝原假设。

利用检验统计量的计算公式和 SPSS 函数，可得检验统计值 $t_i = -6.273$，相伴概率 $p- = 2.4 \times 10^{-4}$，符合拒绝法则。因此，原假设 H_0：$\beta_0 = 0$ 在 0.05 的显著性水平下被拒绝，我们有 95% 的把握认为常数项在总体上具有显著性，应保留在回归方程中。

（六）残差分析

在构建回归模型时，对误差项 ε 设立了一定的假定条件。只有在假定条件成立的前提下，才能够利用回归模型进行较为科学的预测。检验假定条件是否成立的方法称为残差分析（Residual Analysis）。

残差分析的工具为残差图，其纵轴表示残差 $y - \hat{y}$ 或残差的标准化分数（z 分数），横轴可以表示自变量 x、因变量 y 或者估计量 $\hat{y}$。如果回归模型的假定条件成立，那么残差图中的散点应该均匀地分布在直线 $y - \hat{y} = 0$ 或 $z = 0$ 的两侧，否则即可视为假定条件不成立。

图 12—2 所示为关于本例的标准化残差图，纵轴表示残差的标准化分

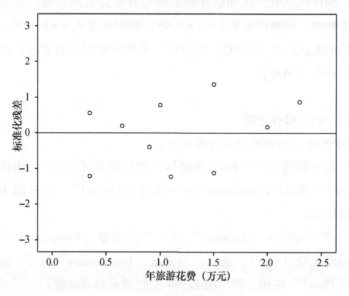

图 12—2　标准化残差图

数,横轴表示年旅游花费 y。图形显示,所有散点都较为均匀地分布在直线 $z=0$ 的两侧,可以确定回归模型的假设条件成立。

(七) 估计和预测

在建立了估计的回归方程,并通过了拟合程度检验、显著性检验和残差分析之后,就可以利用此方程进行估计和预测。

1. 点估计

对于 x 的一个特定值,我们可以利用估计的回归方程,求得 y 或 $E(y)$ 的一个估计值。在本例中,若某一居民的年收入为 7 万元,那么他的年旅游花费的点估计值 $\hat{y} = -2.933 + 0.753 \times 7 = 2.34$(万元)。同理,对于所有年收入为 7 万元的居民,平均年旅游花费的点估计值也为 2.34 万元。

2. 区间估计

由于点估计存在着误差,因此我们可以根据研究的精确度要求,将误差设定在一个可以接受的范围之内,进行区间估计。分为两种类型:一种为预测区间估计,是对于 y 的区间估计;一种为置信区间估计,是对于 $E(y)$ 的区间估计。区间估计的原理与方法详见第八章,在此不再赘述。在本例中,设置信水平 $1-\alpha=0.95$,给定年收入 $x=7$ 万元,年旅游花费 y 的预测区间为 $[1.742, 2.939]$,平均年旅游花费 $E(y)$ 的置信区间为 $[1.997, 2.683]$。

(八) SPSS 操作过程

在 SPSS 中,本例的分析过程如下:

(1) 打开数据文件"10 名城镇居民的旅游花费 . sav",选择"分析(Analyze)——回归(Regression)——线性(Linear)",打开图 12—3 所示的主对话框。

(2) 将"年收入(Income)"选入"自变量(Independent)"框中,将"年旅游花费(Cost)"选入"因变量(Dependent)"框中。然后,单击"图(Plots)"按钮,弹出图 12—4 左侧所示的对话框。

(3) 将"＊ZRESID(标准化残差)"选入"Y"框中,将"DEPENDNT(因变量)"选中"X"框中。然后,单击"继续"按钮返回主

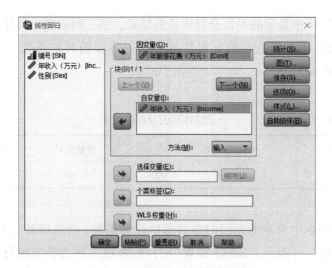

图12—3 线性回归分析主对话框

对话框。

（4）单击"保存（Save）"按钮，弹出图12—4右侧所示的对话框。在"预测值（Predicted Values）"框中，选中"未标准化（Unstandardized）"按钮；在"预测区间（Prediction Intervals）"框中，选中"平均值（Mean）"和"单值（Individual）"按钮，"置信区间（Confidence Interval）"文本框中保持默认的95%。然后，单击"继续"按钮返回主对话框。最后，单击"确定"按钮，即可完成分析过程。

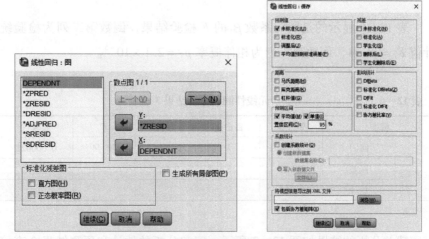

图12—4 线性回归分析子对话框

表12—4中显示的是拟合程度检验结果，第二列和第三列显示的是两变量之间的样本相关系数 r 和估计的回归方程的判定系数 r^2，分别为0.953和0.907。

表12—4 一元线性回归分析结果1

模型	r	r^2	调整后 r^2	标准误差
1	0.953	0.907	0.896	0.213

表12—5中显示的是回归参数的估计结果和 t 检验结果。β 列为 β_0、β_1 的估计值，分别为 -2.933 和 0.753；倒数第二列为检验统计值 t_i，分别为 -6.273 和 8.857；倒数第一列为相伴概率 $p-$，分别为 2.4×10^{-4} 和 2.1×10^{-5}。

表12—5 一元线性回归分析结果2

模型		未标准化系数		标准化系数	t	显著性
		β	标准误差	Beta		
1	（常量）	-2.933	0.468		-6.273	0.00024
	年收入（万元）	0.753	0.085	0.953	8.857	0.000021

表12—6显示的是回归系数 β_1 的 F 检验结果，倒数第二列为检验统计值 $F_i = 78.44$，倒数第一列为相伴概率 $p- = 2.1 \times 10^{-5}$。

表12—6 一元线性回归分析结果3

模型		平方和	自由度	方差	F	显著性
1	回归	3.544	1	3.544	78.44	0.000021
	误差	0.361	8	0.045		
	总计	3.905	9			

残差分析的结果如图12—2所示，回归分析的估计和预测结果会直接

显示在原始的数据文件中。在原始文件中，会新增 5 个变量。其中，变量"PRE_1"的值为 y 或 $E(y)$ 的点估计值，变量"LMCI_1"和"UMCI_1"的值分别为 $E(y)$ 的置信区间的下限和上限；变量"LICI_1"和"UICI_1"的值分别为 y 的预测区间的下限和上限。

若想得到年收入 $x = 7$ 万元时的预测结果，需要在年收入（Income）变量中增加这个变量值，然后将上述的操作过程重复一遍即可。

三　多元线性回归分析

进行多元线性回归分析时，需要涉及两个及两个以上的自变量，记为 x_1，x_2，$\cdots$，x_k。在建立关于自变量与因变量的回归模型或方程之后，任意给定特定的 x_1，x_2，$\cdots$，x_k 值，均可对相关的 y 值和 y 的数学期望值进行估计和预测。

在上例中，我们增加性别作为第二个自变量，描述多元线性回归分析的过程。那么，城镇居民的年收入与性别、年旅游花费存在怎样的因果关系（回归关系）呢？若某一男性居民的年收入为 7 万元，那么他的年旅游花费会是多少呢？对于所有年收入为 7 万元的男性居民，平均年旅游花费是多少呢？

（一）相关分析

与一元线性回归分析一样，在进行多元线性回归分析之前，也需要首先确定各个自变量和因变量 y 之间是否存在着线性相关关系。如果存在线性相关关系，方可进行回归分析，反之则不能。

在本例中，设自变量 x_1 为年收入，自变量 x_2 为性别，因变量 y 为年旅游花费。设显著性水平 $\alpha = 0.1$，对这三个变量进行两两相关分析，可得年收入与年旅游花费的相关系数 r 为 0.953，相伴概率 $p-$ 为 2.1×10^{-5}；性别与年旅游花费的相关系数 r 为 -0.6，相伴概率 $p-$ 为 0.067。因此，我们有 90% 的把握认为，对于总体而言，年收入、性别与年旅游花费之间都存在着显著的线性相关关系，可以进行进一步的回归分析。

性别与年收入之间的相关系数为 -0.43，相伴概率 $p-$ 为 0.215，说明性别与年收入之间在总体上不存在显著的线性相关关系，这一结论会在步骤六（共线性诊断）中得到使用。

（二）构建回归模型和回归方程

多元线性回归模型的表达形式为 $y = \beta_0 + \beta_1 x_1 + \beta_2 x_2 + \cdots + \beta_k x_k + \varepsilon$。在该模型中，$\beta_0$，$\beta_1$，$\beta_2$，$\cdots$，$\beta_k$ 称为回归参数，均为常数，其中 β_1，β_2，$\cdots$，β_k 称为回归系数，它是 x_1，x_2，$\cdots$，x_k 变化一个单位时所引起的 y 的平均变化数量。$\beta_1 x_1 + \beta_2 x_2 + \cdots + \beta_k x_k$，也即 $E(y)$，称为回归方程，用来解释 k 个自变量与因变量之间的变化趋势。ε 称为误差项，用来解释除 k 个自变量之外的其他因素所引起的因变量的变化，其假定条件与一元线性回归模型相同。

在本例中，由于只有两个自变量，因此多元线性回归模型的表达式为 $y = \beta_0 + \beta_1 x_1 + \beta_2 x_2 + \varepsilon$，回归方程为 $E(y) = \beta_0 + \beta_1 x_1 + \beta_2 x_2$。

（三）估计回归参数

估计回归参数的最常用方法仍然是最小二乘法，利用此方法所得到的 b_0、b_1、b_2、$\cdots$、b_k，可以使因变量的实际值 y_i 与估计值 $\hat{y}_i$ 之间的残差平方和达到最小。

在本例中，使用最小二乘法进行计算，可得 b_0、b_1、b_2 分别为 -2.355、0.674 和 -0.292。将其代入估计的回归方程，可得 $\hat{y} = -2.355 + 0.674 x_1 - 0.292 x_2$。

（四）拟合程度检验

估计的回归方程的拟合程度由多元判定系数（Adjusted Multiple Coefficient of Determination）R^2 度量，计算公式为 $R^2 = \text{SSR/SST}$（若将 R^2 开方取正平方根，可得复相关系数 R，它是衡量因变量与所有自变量之间整体相关关系的指标）。在本例中，通过计算可得多元判定系数 R^2 为 0.952。

不过，在多元线性回归分析中，自变量个数的增加往往会带来估计的回归方程的解释高估现象，导致其拟合程度失真。为解决这一问题，统计学家采用另外一个指标，称为修正多元判定系数（或调整多元判定系数，Adjusted Multiple Coefficient of Determination），记为R_a^2。其计算公式为$R_a^2 = 1 - (1 - R^2)(n-1)/(n-k-1)$。

在本例中，通过计算可得多元修正判定系数R_a^2为 0.938，说明年收入、性别与年旅游花费之间的变化趋势有 93.8% 是可以由估计的回归方程$\hat{y} = -2.355 + 0.674x_1 - 0.292x_2$进行拟合的。换句话说，它说明年旅游花费的变化有 93.8% 是由年收入和性别的变化所引起的。对于这一拟合程度，是非常令人满意的。

（五）回归方程的显著性检验

多元线性回归方程的显著性检验分为两类：一类是回归方程的总体显著性检验，一类是单个回归参数的显著性检验。

1. 回归方程的总体显著性检验

1）原假设与备择假设

原假设为 H_0：$\beta_1 = \beta_2 = \cdots = \beta_k = 0$，意为"所有自变量与因变量之间在总体上均不存在显著的回归关系"；备择假设为 H_a：至少有一个回归系数不等于 0，意为"至少有一个自变量与因变量之间在总体上存在着显著的回归关系"，它意味着回归方程在总体上具有显著性。

2）检验统计量

回归方程的总体显著性检验，所依据的抽样分布是分子自由度等于k、分母自由度等于$n-k-1$的F分布，应使用F作为检验统计量。F的计算公式为$F = MSR/MSE$，计算过程如表 12—3 所示。其中，k为自变量的个数。

3）拒绝法则

在α的显著性水平下，F检验的拒绝法则为，若$F_i > F_\alpha$或$p- < \alpha$，则我们有$1-\alpha$的把握拒绝原假设H_0。

在本例中，设显著性水平$\alpha = 0.05$，利用 SPSS 函数可得F检验的临界值为$F_{0.05} = 4.737$。利用检验统计量的计算公式和 SPSS 函数，可得检验统计值$F_i = 69.179$，相伴概率$p- = 2.5 \times 10^{-5}$，符合拒绝法则。因此，原假设在 0.05 的显著性水平下被拒绝，我们有 95% 的把握认为年收入、性别与年旅游花费之间在总体上存在着显著的回归关系，回归方程在总体上具有显著性。

2. 单个回归参数的显著性检验

对单个回归参数的显著性进行检验时，原假设为 H_0：$\beta_i = 0$，意为自变量 x_i 或常数项 β_0 与因变量之间在总体上不存在显著的回归关系；备择假设为 H_a：$\beta_i \neq 0$，意为自变量 x_i 或常数项 β_0 与因变量之间在总体上存在显著的回归关系。

假设检验所依据的抽样分布为 b_i 的抽样分布，经标准化之后为自由度等于 $n - k - 1$ 的 t 分布，应使用 t 作为检验统计量。其检验过程，与一元线性回归分析中回归系数 β_1 的 t 检验颇为相似。

在本例中，设显著性水平 $\alpha = 0.05$，利用 SPSS 函数可得 t 检验的临界值为 $t_{0.025} = 2.365$。t 检验的拒绝法则为：若 $|t_i| > 2.365$ 或 $p- < 0.05$，则我们有 $1 - \alpha$ 的把握拒绝原假设。

利用检验统计量的计算公式和 SPSS 函数，计算关于每个回归参数的检验统计值 t_i 和相伴概率 $p-$。关于 β_0 的检验统计值 $t_i = -5.524$，相伴概率 $p- = 0.001$，符合拒绝法则，我们有 95% 的把握认为常数项在总体上具有显著性，应保留在回归方程中。关于 β_1 的检验统计值 $t_i = 9.274$，相伴概率 $p- = 3.5 \times 10^{-5}$，符合拒绝法则，我们有 95% 的把握认为年收入与年旅游花费之间在总体上存在着显著的回归关系。关于 β_2 的检验统计值 $t_i = -2.54$，相伴概率 $p- = 0.039$，符合拒绝法则，我们有 95% 的把握认为性别与年旅游花费之间在总体上存在着显著的回归关系。

（六）多重共线性诊断

所谓多重共线性（Multicollinearity），是指自变量之间具有较强的线性相关关系，它的存在可能导致回归模型估计失真或难以估计准确。对于任何一个含有两个自变量的回归模型，如果自变量之间的样本相关系数的绝对值大于 0.7，一般可以认定二者存在着多重共线性。

在本例中，如前所述，性别与年收入之间的样本相关系数为 -0.43，绝对值小于 0.7，可以认为二者不存在多重共线性。（相伴概率 $p-$ 为 0.215，表明性别与年收入之间在总体上不存在显著的线性相关关系，因此也可以说明二者不存在多重共线性。）

（七）残差分析

在多元线性回归分析中，由于自变量个数较多，因此残差图的横轴一般不表示自变量，而表示因变量 y 或者估计量 $\hat{y}$，纵轴仍然表示残差 $y - \hat{y}$ 或残差的标准化分数。如果回归模型的假定条件成立，那么残差图中的散点应该均匀地分布在直线 $y - \hat{y} = 0$ 或 $z = 0$ 的两侧，否则即可视为假定条件不成立。

图 12—5 所示为关于本例的标准化残差图，纵轴表示残差的标准化分数，横轴表示年旅游花费 y。该图形显示，所有散点都较为均匀地分布在直线 $z = 0$ 的两侧，可以确定回归模型的假设条件成立。

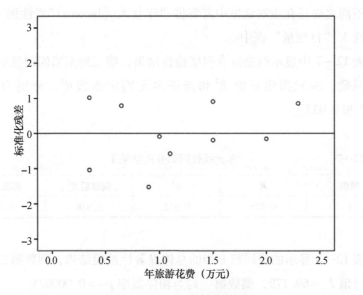

图 12—5　标准化残差图

（八）估计和预测

利用估计的多元线性回归方程进行估计和预测，也包括点估计和区间估计两种方法。

任意给定特定的 x_1，x_2，$\cdots$，x_k 值，我们可以利用估计的回归方程，求得 y 或 $E(y)$ 的一个估计值。在本例中，若某一男性（编码之后的变量值为 1）居民的年收入为 7 万元，那么他的年旅游花费的点估计值 $\hat{y} =$

$-2.355 + 0.674 \times 7 - 0.292 \times 1 = 2.07$（万元）。同理，对于所有年收入为 7 万元的男性居民，平均年旅游花费的点估计值也为 2.07 万元。

任意给定特定的 x_1，x_2，…，x_k 值，我们也可以利用估计的回归方程，求得 y 的一个预测区间或者 $E(y)$ 的一个置信区间。在本例中，设置信水平 $1 - \alpha = 0.95$，给定年收入 $x_1 = 7$ 万元、性别 $x_2 = 1$（男性），年旅游花费 y 的预测区间为 $[1.535, 2.606]$，平均年旅游花费 $E(y)$ 的置信区间为 $[1.701, 2.440]$。

（九）SPSS 操作过程

在 SPSS 中，本例的分析过程与一元线性回归分析的过程基本相似，主要不同之处是在主对话框中需要将"年收入（Income）""性别（Sex）"依次选入"自变量"框中。

表 12—7 中显示的是拟合程度检验结果，第二列至第四列显示的是复相关系数、多元判定系数 R^2 和修正多元判定系数 R_a^2，分别为 0.976、0.952 和 0.938。

表 12—7 多元线性回归分析结果 1

模型	R	R^2	调整后 R^2	标准误差
1	0.976	0.952	0.938	0.164

表 12—8 显示的是回归方程的总体显著性检验结果，倒数第二列为检验统计值 $F_i = 69.179$，倒数第一列为相伴概率 $p- = 0.000025$。

表 12—8 多元线性回归分析结果 2

模型		平方和	自由度	方差	F	显著性
1	回归	3.717	2	1.859	69.179	0.000025
	误差	0.188	7	0.027		
	总计	3.905	9			

表 12—9 中显示的是回归参数的估计结果和回归方程的 t 检验结果。

β 列为 β_0、β_1、β_2 的估计值，分别为 -2.355、0.674 和 -0.292；倒数第二列为检验统计值 t_i，分别为 -5.524、9.274 和 -2.54；倒数第一列为相伴概率 $p-$，分别为 0.001、0.000035 和 0.039。

表 12—9 多元线性回归分析结果 3

模型		未标准化系数		标准化系数	t	显著性
		β	标准误差	Beta		
1	（常量）	-2.355	0.426		-5.524	0.001
	年收入（万元）	0.674	0.073	0.852	9.274	0.000035
	性别	-0.292	0.115	-0.233	-2.54	0.039

残差分析的结果如图 12—5 所示，回归分析的估计和预测结果会直接显示在原始的数据文件中。若想得到年收入 $x_1 = 7$ 万元、性别 $x_2 = 1$（男性）时的预测结果，需要在年收入（Income）、性别（Sex）这两个变量中分别增加相应的变量值，然后将多元线性回归的 SPSS 操作过程重复一遍即可。

本章习题

1. 打开数据文件 "1978—2015 年山东省入境旅游人数 . sav"。

（1）利用 SPSS 对年份（year）与入境旅游人数（number）进行一元线性回归分析。

（2）利用估计的回归方程，对 2016—2020 年的山东省入境旅游人数进行预测。

2. 打开数据文件 "10 家餐厅的销售收入 . sav"。

（1）利用 SPSS 对学生人数（student）与销售收入（income）进行一元线性回归分析，并估计学生人数为 3 万人时的餐厅销售收入（或平均销售收入）。

（2）利用 SPSS 对学生人数（student）、广告花费（advertisement）与销售收入（income）进行多元线性回归分析，并估计广告花费为 0.5 万元时的餐厅销售收入（或平均销售收入）。

3. 打开文件 "聊城市游客旅游体验满意度调查问卷第 1 部分 . sav"。

（1）利用 SPSS 对逗留天数与旅游花费进行一元线性回归分析，并估计逗留天数为 3 天时的旅游花费（或平均旅游花费）。

（2）利用 SPSS 对逗留天数、收入与旅游花费进行多元线性回归分析，并估计逗留天数为 2 天、收入为 3000 元时的旅游花费（或平均旅游花费）。

本章主要参考文献

［1］戴维·R. 安德森等：《商务与经济统计》（第 11 版），机械工业出版社 2012 年版，第 300—379 页。

［2］戴维·S. 穆尔：《统计学的世界》（第 5 版），中信出版社 2003 年版，第 330—348 页。

［3］道格拉斯·A. 林德等：《商务与经济统计技术》（第 11 版），中国人民大学出版社 2005 年版，第 497—590 页。

［4］耿修林：《商务经济统计学》，科学出版社 2003 年版，第 303—368 页。

［5］张文彤、邝春伟：《SPSS 统计分析基础教程》（第 2 版），高等教育出版社 2011 年版，第 327—359 页。

［6］A. J. 维尔：《休闲与旅游研究方法》（第 3 版），中国人民大学出版社 2008 年版，第 277—306 页。

［7］Mark L. Berenson 等：《商务统计概念与应用》（第 11 版），机械工业出版社 2012 年版，第 443—573 页。

［8］邓兰等：《冰雪旅游游客满意度影响因素及提升策略研究——以乌鲁木齐市为例》，《兰州财经大学学报》2021 年第 6 期。

［9］呼玲妍等：《红色旅游游客混合情感对旅游意愿的影响研究——以大学生为例》，《旅游学刊》2022 年第 7 期。

［10］金珊、李享：《蜜月游市场特征的相关与回归分析——针对北京常住居民蜜月游市场》，《旅游学刊》2006 年第 11 期。

［11］万绪才等：《中国国际旅游市场时空演变及其影响因素》，《地域研究与开发》2013 年第 6 期。

［12］于鹏等：《国家公园旅游发展对周边社区居民生活质量的影响——以黄山风景区为例》，《中国生态旅游》2022 年第 2 期。